Gütersloher Taschenbücher / Siebenstern 333

Gerhard Struntz

Rüdiger Hauth

Die nach der Seele greifen

Psychokult und Jugendsekten

Gütersloher Verlagshaus
Gerd Mohn

Originalausgabe

CIP-Kurztitelaufnahme der Deutschen Bibliothek

Hauth, Rüdiger:
Die nach der Seele greifen: Psychokult u. Jugendsekten/
Rüdiger Hauth. – Orig.-Ausg. – Gütersloh:
Gütersloher Verlagshaus Mohn, 1979.
(Gütersloher Taschenbücher Siebenstern; 333)
ISBN 3-579-03751-X

ISBN 3-579-03751-X

Umschlagentwurf: Dieter Rehder, Aachen,
unter Verwendung eines Fotos von Marga Kingler-Busshof, Essen
Gesamtherstellung: Clausen & Bosse, Leck
Printed in Germany

INHALT

DER FREMDE SPIELMANN (Auszug)

Was rennen die Straßen auf und ab
die Väter, die Mütter so bange?
»Schon sank hinunter der Sonnenschein,
schon graut die Nacht von den Bergen herein;
wo bleiben die Kinder so lange?«

Ein Spielmann kam gezogen daher,
gar bunt und seltsam geschmücket;
schön weht ihm vom Hute die Feder, ein Band
wallt von der Schulter, in seiner Hand
eine goldene Harf' man erblicket.

Er rührt die Saiten, das klang so süß,
so wunderschön in den Ohren;
es rauschte der Töne bezaubernde Flut,
daß sich in ... rückender Wollust Glut
die Sinne dem Hörer verloren.

Und als das Städtchen ab und auf
er wandelte spielend und singend,
da sammeln sich all die Kindlein zu Hauf'
wohl durch das Städtchen ab und auf,
ihm nach mit Entzücken sich drängend.

Und immer, immer bedrängter die Schar,
und wirbeln da immer die Saiten;
es tanzten, es sangen und sprangen empor
die Knaben und Mädchen in hellem Chor,
ein Wunder vor allen Leuten.

So zog mit dem Trupp er hinab ans Tor;
ob schalten, ob baten die Alten,
was auch die Mutter vom Fenster schrie:
»Geht nicht vors Tor, oh bleibet doch hier!«
Doch keins ließ sich mehr halten.

Karl P. Conz (1762–1827)

7
THEK
Guru Maharaj Ji
das Heilige Wissen der Seele
3.12. Lessing-Gymnasium
4.12. Realschule

I. DIE SZENE

Eine der auffälligsten Erscheinungen unserer Zeit ist die fast unüberschaubare Vielfalt von Ideologien und Weltanschauungen, religiösen Strömungen und spirituellen Praktiken, deren Vertreter in vielfältiger Weise Mission treiben, um neue Anhänger zu gewinnen.

Zukunft kaputt

Solche Aktivitäten werden dadurch begünstigt, daß unser Leben mobil und anonym geworden ist. Im Gegensatz zu früheren Zeiten gibt es heute in unserer westlichen Zivilisation keine geschlossenen Räume mehr, in denen einheitliches Denken, Bekennen und Handeln vorherrscht. Was der Nachbar für richtig oder falsch hält, was er glauben kann und was nicht, ist allein seine Privatsache.
Wir leben in einer aufregenden Epoche: Die Wende zum 3. Jahrtausend ist in überschaubare Nähe gerückt und bestimmt damit unsere Hoffnungen und Ängste. Auf der einen Seite werden uns großartige Zukunftsvisionen einer schönen neuen Welt ausgemalt, bis hin zum Sieg über heute noch unheilbare Krankheiten; am Ende soll die Unsterblichkeit stehen, vorausgesagt für das Jahr 2070. Auf der anderen Seite gibt es die Schreckensvisionen der totalen Weltzerstörung, unter anderem durch Überbevölkerung, Raubbau an Rohstoffen und Einsatz von Vernichtungswaf-

fen. Noch ist ungewiß, welchen Weg die Menschheit gehen wird. Trotz Friedensforschung, Entwicklungshilfe und Versuchen gegenseitiger Verständigung muß die Frage offen bleiben: An welchem Punkt werden die Menschen im Jahre 2000 stehen?

Die Macht der großen Worte

So wie diese werden noch viele andere drängende Fragen gestellt, und man hört auch eine ganze Reihe von Antworten: die Anhänger politischer Ideologien und Heilslehren, religiöser Sekten und Splittergruppen zeichnen Bilder in grellen Farben und geben Kommentare ab, die sich fast alle widersprechen. Fragt jemand, wie er denn nun sein Leben meistern, den Sinn des Daseins finden oder ganz persönliche Probleme lösen könne, so vernimmt er einen vielstimmigen Chor: Von allen Seiten werden ›Wahrheiten‹ und ›Hilfen‹ angeboten; Hände strecken sich dem unsicher Umherschwimmenden entgegen, um ihn auf vermeintlich festes Land zu ziehen. Der Zug in das Jahr 2000 hat viele Zielangaben; wie sollte er da sicher und ruhig fahren können?
Und so kommt es, daß die meisten abspringen. Sie interessieren sich für gar nichts mehr; im Grunde ist ihnen alles egal: »Man kann ja doch nichts ändern«; also Resignation. Aber dann sind da noch die 10% unserer Bevölkerung, die mit dieser Welt und ihren Anforderungen auch nicht zurechtkommen, das ›Heil‹ jedoch im politischen und religiösen Abseits suchen. Antwort auf ihre Fragen scheinen sie in Kirche und Gesellschaft nicht zu bekommen; und so geraten sie in den Bannkreis politischer Ideologien und Psycho-Gruppen, Jugendsekten und Geheimkulte. Wen wundert es da, wenn neue Propheten und Sektenführer rasch Nachfolger finden, wenn seltsame religiöse Ideen und Praktiken weiter vordringen?

Der Griff nach den Kindern

Seit Anfang der siebziger Jahre ist in diesem Zusammenhang eine Besonderheit zu beobachten, die inzwischen Eltern, Lehrer, Pfarrer oder umfassende Kirche, Staat und Gesellschaft in einen gewissen Alarmzustand versetzt hat: Das Auftreten sogenannter Jugendsekten und Psycho-Gruppen. Hatte man zunächst noch an eine vorübergehende Erscheinung geglaubt, wie es vorher die Hippie-, Gammler- oder Kommunarden-Welle gewesen war, so mußte man im Laufe der Jahre zur Kenntnis nehmen, daß mit etwas ganz Anderem und Bedrohlicherem zu rechnen ist.

Das wurde vor allem daran deutlich, daß sich immer mehr Eltern, die Kinder in solchen Gruppen hatten, über deren negative Wesens- und Persönlichkeitsveränderung beklagten. Es kam bald zu Anzeigen bei Polizei und Staatsanwaltschaften; jedoch umsonst: Die betreffenden Jugendlichen waren nach dem Gesetz »erwachsen« und konnten ihre Religionszugehörigkeit selbst bestimmen. In der Presse las man hin und wieder von spektakulären Entführungen und Befreiungsaktionen: Eltern hatten zum letzten verzweifelten Mittel gegriffen und versucht, ihre Kinder mit Gewalt aus den Fängen von Jugendsekten oder Psycho-Gruppen zu befreien. Auch diese Aktionen endeten meist ohne Erfolg, da die Sektenführer ihre volljährigen Anhänger sofort mit polizeilicher Hilfe in die Gemeinschaften zurückbringen ließen, wie folgender Pressebericht zeigt:

»Das französische Fernsehpublikum wurde Zeuge, wie die Familie Amadeo die 22 Jahre alte Tochter Marie-Christine mit Gewalt aus dem Haus der Mun-Sekte in einem Vorort von Lyon herausholte. Das Mädchen schrie und wehrte sich, doch seine Brüder schleppten es zum wartenden Auto und die Mutter wehrte mit Ohrfeigen protestierende Sektenmitglieder ab. Marie-Christine selbst hatte zuvor Reporter und Kameraleute herangerufen, um zu bekunden, daß sie ohne irgendwelchen Zwang die Gemeinschaft der Mun-Jünger dem Elternhaus vorziehe. Die folgenden

Handgreiflichkeiten kamen dann gleich mit auf den Film. Messias Mun, das Oberhaupt der Sekte, hatte eine Jüngerin verloren, doch nicht für lange, denn kaum war die Verwandtschaft mit dem Mädchen im Haus der Eltern angekommen, schlug die ›Gerettete‹ ein Fenster ein und schrie um Hilfe. Die Polizei erschien und brachte sie zu ihrer Sekte zurück.« [1]

Verwirrte Öffentlichkeit

In zunehmendem Maße entdeckten *Zeitungen* und *Illustrierte* das Thema Jugendsekten und Psycho-Gruppen, wobei unter ›griffigen‹ Titeln abenteuerliche Dinge berichtet wurden; die Überschriften lauteten etwa: »Gauner oder Gottes Sohn?«, »Sklaven der Angst« (Mun-Sekte), »Bettelmönche mit Ballermann«, »Der Gott, der Geld und Haare frißt« (Hare-Krishna), »Der große Reibach mit den Ausgeflippten«, »Das Apo-Mädchen im Kloster« (Mission des göttlichen Lichts), »Schwebende Jünger machen eine Fliege«, »Seid erleuchtet Millionen« (TM), usw.
Nachdem immer mehr Einzelheiten über die Hintergründe und Strukturen der betreffenden Gemeinschaften in der Öffentlichkeit bekannt wurden, fühlten sich auch Politiker herausgefordert, diese Problematik ins Gespräch zu bringen. Das geschah häufig in verschiedenen Anfragen, die Bundestags- und Landtagsabgeordnete in ihren Parlamenten einbrachten.
Am 10. Juli 1978 reagierte die *Bundesregierung* in Form einer *Pressekonferenz*, die Staatssekretär Prof. Wolters vom Bundesministerium für Jugend, Familie und Gesundheit, einberufen hatte. In der Presseerklärung hieß es:

»›Jugendreligionen‹ oder ›Jugendsekten‹ (in den USA häufig ›de-

1. Westdeutsche Allgemeine Zeitung v. 23. Jan. 76, Quick v. 26. Febr. 76.

structive cults‹ genannt) ist der Sammelbegriff für unterschiedliche Gruppen, deren Zielgruppen und Anhänger vornehmlich junge Menschen sind ... In der Bundesrepublik haben seit Anfang der siebziger Jahre vor allem die nachstehend genannten Sekten Fuß gefaßt ...«

Es folgen dann:
Scientology Church, Mun-Sekte (Vereinigungskirche); *Kinder Gottes*, die sich jetzt *Familie der Liebe* nennen; Internationale Gesellschaft für Krishna-Bewußtsein, eher unter der Kurzform *Hare-Krishna-Bewegung* bekannt; *Divine Light Mission* (Mission des göttlichen Lichts) und die *Gesellschaft für Transzendentale Meditation* (TM).
Als Motive für den Beitritt junger Menschen zu diesen Gruppen könnten nach Ansicht des Familienministeriums gelten: Weltflucht aus Zukunftsangst; Enttäuschung über die gesellschaftliche Wirklichkeit, die man als sozial ungerecht empfindet; familiäre, schulische oder berufliche Schwierigkeiten; das Unvermögen, mit dem Leistungsdruck fertig zu werden oder Spannungen zu ertragen; der Wunsch nach einem sinnerfüllten Leben und die Suche nach Geborgenheit und Gemeinschaft im Kreise Gleichaltriger; u. a.[2]
Aufgrund zahlreicher Berichte betroffener Eltern, ehemaliger Sektenmitglieder und mit dem Problem befaßter Seelsorger, wurden die negativen Auswirkungen eines Sektenbeitritts in der Presseerklärung so zusammengefaßt: »Mit dem Beitritt zur Sekte ist offenbar bei vielen Sektenmitgliedern eine beängstigende Persönlichkeitsveränderung verbunden. Fachleute sprechen von ›Entpersonifizierung durch Wirklichkeitsverlust‹. ›Entpersönlichung‹ macht den einzelnen zur Kommunikation mit anderen Menschen (außerhalb seiner Gruppe) unfähig. Offenbar gelingt es nur relativ ›Ich-starken‹ Anhängern, sich ohne erkennbare gesundheitliche Schäden aus der Sektenbindung zu lösen. Nicht wenige ehemalige Sektenangehörige müssen über lange Zeit

2. Material für die Bundespressekonferenz.

psychotherapeutische oder psychiatrische Hilfe in Anspruch nehmen.«

Auf diese Pressekonferenz gab es ein vielfältiges Echo. Der Vorsitzende des *Bundestagsausschusses für Bildung und Wissenschaft* etwa, Dr. Rolf Meinicke (SPD), begrüßte im Sozialdemokratischen Pressedienst, daß die Bundesregierung jetzt öffentlich vor den Gefahren der neuen religiösen Gruppen gewarnt habe. Denn bisher wären die »Antworten der Bundesregierung aufgrund der Natur der Sache im allgemeinen unbefriedigend« gewesen und hätten »eine gewisse Ratlosigkeit offenbart«. Der Abgeordnete meinte zwar, »daß es juristische Instrumente, also gesetzliche Regelungen und Verordnungen nur begrenzt geben kann und darf«, schloß aber, um der weiteren Entwicklung des Sektenwesens staatliche Maßnahmen entgegenzusetzen, Überlegungen in dieser Richtung nicht völlig aus.[3]

Die *Junge Union* der CDU forderte die Gründung eines ›Anti-Jugendsekten-Komitees‹ und lud Jungsozialisten, Jungdemokraten und kirchliche Jugendverbände zur Mitarbeit an einer breit angelegten Aufklärungskampagne ein.

Die Reaktionen waren unterschiedlich. Die *Jusos* lehnten ab und hielten den Vorstoß der JU für ein Ablenkungsmanöver von den eigentlichen Problembereichen Jugendarbeitslosigkeit und Gefährdung der Rechtsstaatlichkeit. Jungdemokraten und kirchliche Jugendverbände wiesen dagegen auf ihre eigene schon seit längerem durchgeführte Aufklärungsarbeit hin.

Parallel zum Engagement einzelner Politiker und zu den Bemühungen von Presse, Funk und Fernsehen Informationen über Jugendsekten und Psycho-Gruppen weiterzugeben, hatten sich betroffene Eltern und Familienangehörige zu *Elterninitiativen* zusammengeschlossen. Die »Elterninitiative zur Hilfe gegen seelische Abhängigkeit und religiösen Extremismus e. V.«, die »Interessengemeinschaft Jugendschutz e. V. – Verein zum Schutz seelisch gefährdeter junger Menschen« und andere bildeten im November 1977 eine bundesweite Arbeitsgemeinschaft der El-

3. Sozialdemokratischer Pressedienst v. 18. Juli 78.

terninitiativen mit der Bezeichnung »Aktion für geistige und psychische Freiheit«. Ihre Aufgabe sieht sie darin, »das gemeinsame Anliegen der Elterninitiativen gegenüber Staat und Gesellschaft zu vertreten und vor den Gefahren der neuen Jugendreligionen zu warnen«.[4]

Verzweifelte Eltern – ›glückselige‹ Kinder: Ein Fall

Im Februar 1978 führte die ›Deutsche Gesellschaft für Kinder- und Jugendpsychiatrie‹ gemeinsam mit der ›Bundeskonferenz für Erziehungsberatung‹ eine Fachtagung über »Probleme im Zusammenhang mit den sogenannten Jugendreligionen« durch. Als Hilfestellung zur Einarbeitung in die Thematik legte die Arbeitsgemeinschaft der Elterninitiativen den Teilnehmern eine umfangreiche Dokumentation »über die Auswirkungen der Jugendreligionen auf Jugendliche in Einzelfällen« vor.
An den meisten Fallbeispielen ist zu erkennen, daß die Problematik der Jugendsekten und Psycho-Gruppen, besonders aber das, was sie bei jungen Leuten anrichten können, nicht nur Soziologen, Theologen oder Politiker, sondern in erster Linie auch Psychiater angehen muß.
Hier Auszüge aus einem der Berichte, der gleichzeitig die verzweifelte Situation von betroffenen Eltern beleuchtet.

»Unser Sohn sollte sich Ende Oktober 1975 an der Universität in München für das Studium der Musikwissenschaften immatrikulieren, fiel dort aber auf dem Weg vom Bahnhof zu seinem Zimmer gleich am ersten Tag den Werbern der Vereinigungskirche (VK) in die Hände; er war zunächst zwölf Tage lang verschwunden. Wir Eltern stöberten ihn in der Regelsmühle/Mittelfranken, dem Trainingszentrum der VK, wieder auf. Bereits hier war eine er-

4. Dokumentation der Elterninitiativen, Febr. 78, S. 3.

staunliche Wesensveränderung feststellbar. Erschreckend der so schnell angenommene Gesichtsausdruck eines sendungsbewußten Fanatikers; und wie schnell er sich die ständig hergesagten Formulierungen der Sekte zu eigen gemacht hatte!
Er, der noch vor wenigen Tagen glaubte, ohne Musik nicht existieren zu können, fand das alles angesichts der ›neuen großen Aufgabe‹ nicht mehr wichtig. Er gab sich heiter und gelöst wie nie zuvor. Die neuen Glückseligkeitsverheißungen hielten in ihm eine seltsame Euphorie wach und ließen ihn überzeugt sein, daß er mit 3 – 4 Stunden Nachtschlaf auskommen und daß er mit Gottes Hilfe auf Erden alles erreichen könne, wenn er nur fest daran glaube.
Nach München zurückgekehrt, brach er sein Studium im Januar 1976 ab und siedelte ins VK-Zentrum über; später missionierte er dann in Heidelberg ...
Einige Tage vor Weihnachten 1976 stand er nach einem Jahr Abwesenheit wieder vor unserer Tür. Er erklärte uns, er wolle nun studieren und versicherte immer wieder, jetzt würde alles wieder gut. Sein Anblick war erbarmungswürdig: Körperlich total abgemagert, hohle Augen, weit herausstehende Rippen. Schlimmer war jedoch sein seelischer Zustand: er zerfleischte sich mit den unsinnigsten Vorwürfen und Selbstanklagen. Er betrachtete sich als Versager, der die ›Göttlichen Prinzipien‹ nicht richtig verstanden, der nicht die Kraft gehabt habe, vorbildlich nach ihnen zu leben, usw.
Er machte einen völlig verstörten Eindruck, ging ruhelos umher, ohne die geringste Fähigkeit, sich auf etwas zu konzentrieren. Zusammenbrüche unter Weinkrämpfen wechselten mit dem selbstsuggestiven, stereotypen: ›Es wird alles wieder gut, Gott führt mich den richtigen Weg.‹ Der völligen Verunsicherung entsprach ein gesteigertes Kommunikationsbedürfnis mit Gesprächspartnern, die ihn in seinen Ansichten bestärken sollten. Seine Gedanken pendelten zwischen Mun-Lehre, Satansfurcht und seinem angeblichen Versagen. Es war das erschütternde Bild eines unfertigen, glaubensbereiten Jugendlichen, dessen Identität und Selbstwertgefühl völlig aus den Angeln gehoben war durch eine Lehre,

deren pseudoreligiöse Glückseligkeitsverheißungen ihm jeden Bezug zur rauhen Wirklichkeit verstellten. Jede Schuld oder Mitverantwortung der Vereinigungskirche an seinem Zustand wies unser Sohn leidenschaftlich zurück: Er habe aus eigenem Antrieb wochenlang gefastet, niemand habe ihn dazu veranlaßt; er habe zu wenig geglaubt und gebetet; durch sein Versagen würde nun auch seine (natürliche) Familie dem Satan verfallen. So ging das immer im Kreis. Ein wahrer Teufelskreis, dessen Sog alle Rettungsversuche der Eltern, Pfarrer und vieler wohlmeinender Freunde abblockte.
Das Aussehen unseres Sohnes schien sich seiner psychischen Rückentwicklung angepaßt zu haben. Man hatte nicht das Gefühl, einen 21jährigen, sondern eher einen 15jährigen vor sich zu haben. Auf dieser Stufe bewegten sich auch die Gespräche mit ihm, begrenzt auf seinen eigenen schmalspurigen Problemkreis. Anderes erfaßte er kaum, gegen Unliebsames sperrte er sich oder verdrängte es« …

Nachdem die Wiederaufnahme des Studiums an einer Kirchenmusikschule gescheitert war, befand sich der junge Mann ab Juli 1977 wieder im elterlichen Hause.

»Er war heiter und keineswegs niedergeschlagen ob seines neuerlichen Mißerfolges, den er als Erfolg wertete, weil Gott ihn geführt habe und man Gott mehr gehorchen müsse als den Menschen. Er zeigte keinerlei Einsichtsfähigkeit mehr in seine Lage und hielt eine geregelte Berufsausbildung für unnötig. Er tyrannisierte uns mit der fixen Idee, die Familie aus den Klauen des Satans erretten und den Göttlichen Prinzipien Muns zuführen zu müssen. Er sah sich als außergewöhnlichen Menschen, den Gott einen besonders schweren Weg zu gehen gewiesen habe und behauptete, mit diesem und den Geistern Verstorbener unmittelbaren Kontakt zu haben …
Am Vormittag des 24. Dezember 1977 geriet unser Sohn über eine unbedeutende Kleinigkeit derart in Erregung, daß er zwei Glastüren unserer Wohnung gewaltsam einschlug und im Kran-

kenhaus genäht werden mußte. Seinem wirren Redefluß war zu entnehmen, daß Gott von der Gesellschaft Opfer fordere, und er sich als eine Art Rächer Gottes fühlte, der die Menschen für ihren Unglauben zu bestrafen habe. Noch am gleichen Tag fuhr ihn sein älterer Bruder nach Camberg ins VK-Zentrum. Es war der letzte verzweifelte Versuch, eine fällige Zwangseinweisung in eine Nervenklinik durch sein – bisher verweigertes – Einverständnis zu einer psychiatrischen Behandlung zu umgehen. Das Unternehmen erbrachte tatsächlich die zwei erhofften Ergebnisse:

1. Die mehrfache Versicherung aus dem Munde der VK-Spitzenfunktionäre, daß man an unserem Sohn in seinem derzeitigen Zustand nicht interessiert sei. Gerade dies wollte unser Sohn nie wahrhaben; er hörte es nunmehr aus erster Quelle.
2. Die wiederholte und auf ausdrücklichen Wunsch des Bruders zuletzt noch schriftlich gegebene Aufforderung durch die VK-Vertreter, sich in nervenärztliche Behandlung zu begeben. Nur ihren Anweisungen war er bereit zu gehorchen. Wirklich zeigte sich unser Sohn daraufhin damit einverstanden, daß ihn sein Bruder auf der Rückfahrt von Camberg im Nervenkrankenhaus ablieferte. –

R. war bis zu seinem Eintritt in die VK ein Junge wie andere auch, der nichts Außergewöhnliches erkennen ließ, der neben verschiedenen Orgelprüfungen und einem dritten Preis in der bekannten Würzburger Veranstaltung ›Jugend musiziert‹ ein recht ordentliches Abitur schaffte. Das zeitliche Zusammenfallen seiner seelisch-geistigen Rückentwicklung mit der Mitgliedschaft bei der Vereinigungskirche ist auffallend und sicher nicht rein zufällig.«[5]

5. Ebd. S. 12ff.

Jeder kann betroffen sein

Allem Anschein nach wird das Thema ›Jugendsekten und Psycho-Gruppen‹ auch in den kommenden Jahren seine Aktualität behalten, vielleicht noch an Bedeutung zunehmen. Man sollte deshalb allen Eltern, Lehrern, Pfarrern und Jugendleitern raten, sich mit diesem Problemkreis intensiv auseinanderzusetzen.

Jedes Elternpaar mit heranwachsenden Kindern könnte eines Tages zu den Betroffenen gehören. Nun sind manche Eltern, die in Dörfern und abgeschiedenen ländlichen Gegenden wohnen, der Ansicht, daß sie diese Fragen nicht so sehr berührten, da bei ihnen noch nie Vertreter der Mun-Sekte, der Kinder Gottes oder Anhänger eines indischen Guru aufgetaucht seien. Das mag wohl stimmen; und ihre Kinder werden auch fast nie im heimatlichen Bereich des Dorfes angesprochen; häufig jedoch dann, wenn sie zum Studium oder zur Ausbildung in eine Großstadt übersiedeln. Daneben gibt es noch andere Gelegenheiten, bei denen Jugendliche mit Vertretern der genannten Gemeinschaften in Berührung kommen können, etwa bei Urlaubsfahrten.

Die zweite Personengruppe, die sich schon von Berufs wegen mit der Problematik beschäftigen müßte, sind die *Pfarrer und Religionslehrer.* Pfarrer dienen in den meisten Fällen als erste Anlaufstation für ratlose Eltern, die Informationen und Beratung brauchen. Es ist für die Beteiligten enttäuschend, wenn der jeweilige Pfarrer über die einzelnen Sekten keine Auskunft erteilen und keine seelsorgerliche Hilfestellung geben kann.

Im Religionsunterricht fragen auch schon jüngere Schüler nach Jugendsekten und Psycho-Gruppen, von deren Existenz sie durch die Berichterstattung der Massenmedien erfahren haben. Es müßten von Pädagogen und Didaktikern Unterrichtsmodelle und -reihen erarbeitet werden, damit dieses Thema einen festen Platz im Religionsunterricht erhält.

Konkrete Ansatzpunkte zur Auseinandersetzung ergeben sich in der praktischen *Jugendarbeit*, wo von konfessionellen Verbänden (AEJ und BDKJ) teilweise schon gute Vorarbeit geleistet worden ist. In diesem Zusammenhang sind auch die kommunalen Jugendämter und der allgemeine Jugendschutz aufgerufen, die bisherigen Konzeptionen von Jugendarbeit neu zu durchdenken und im Sinne echten Jugendschutzes aktiv zu werden.

Vorbilder: Meditierende Buddhas

II. GRUPPEN UND PROGRAMME

Die Szene ist so bunt wie ein Flickenteppich. Deshalb gibt es bisher auch noch keinen präzisen Begriff, der alles umreißen und beschreiben könnte, was dort passiert. Wir müssen uns wohl noch eine Weile mit den behelfsmäßigen Bezeichnungen *Jugendsekten, Psycho-Gruppen* und *spirituellen Erfahrungsgemeinschaften* begnügen.

Zur ersten Kategorie ließen sich, ganz grob gesehen, die Kinder Gottes und die Mun-Sekte (Vereinigungskirche) zählen; zur zweiten die Scientology-Kirche und die Transzendentale Meditation. Die dritte Kategorie könnte u. a. die Mission des göttlichen Lichts, Ananda Marga und die Bhagwan-Shree-Rajneesh-Bewegung umfassen.

An vier Beispielen soll gezeigt werden, wie solche Gemeinschaften entstehen und wie die Ideen der Gründer allmählich die Form von Ideologien annehmen, denen sich Millionen von Menschen auszuliefern bereit sind. Mit ›Ideologie‹ ist hier der absolute Anspruch der jeweiligen Gruppe gemeint, den Menschen in seiner Beziehung zu sich selbst und zur Welt neu definieren zu können und ihn im Sinne der eigenen ›Wahrheit‹ bzw. ›Technik‹ umformen zu wollen.

1. Bhagwan Shree Rajneesh: Alles Schöne kommt aus dem Chaos

BILDER AUS DER SZENE

Von Mitte der 60er bis Mitte der 70er Jahre gab es für westliche Hippies und Gammler, für Zivilisationsmüde und Drogenabhängige eine ganze Reihe von Traumzielen: Afghanistan etwa, Indien oder Nepal. Viele machten sich auf den Weg: die Reiseroute von Europa über die Türkei in den Mittleren Osten wurde regelrecht zum Trampelpfad für solche, die ständig auf der Suche waren nach Bewußtseinserweiterung und spirituellen Erfahrungen. Die glaubten junge Leute am ehesten bei indischen Seelenführern auf dem Hintergrund hinduistischer Frömmigkeit zu bekommen.

Das Angebot an bärtigen Gurus, Yogis und Swamis ist inzwischen sehr groß geworden, fast unüberschaubar. Seit 1974 macht sich in diesem Chor der indischen Gurus eine neue Stimme bemerkbar, die andere zu übertönen beginnt: *Rajneesh Chandra Mohan*, der sich den Titel »Bhagwan« (der Göttliche) gefallen läßt und von seinen Anhängern als *Bhagwan Shree Rajneesh* verehrt wird. Junge Europäer und Amerikaner, die sich in der oben beschriebenen Weise immer noch oder schon wieder auf der Suche befinden, haben ein neues Pilgerziel entdeckt: den

Shree Rajneesh Ashram in Poona, etwa 150 km östlich von Bombay.
Hier präsentiert sich Chandra Mohan als »lebender Meister«, als lebendiges Pilgerziel für Tausende, die auf der Suche sind. Mindestens 2500 sollen sich ständig in Poona aufhalten. Viele kommen für kürzere Zeit, so berichtet sein Pressebüro, bleiben vielleicht einige Monate und kehren dann wieder nach Hause zurück. Andere kommen, um ganz in Poona zu bleiben. Etwa 300 Sannyasin wohnen in Bhagwans Ashram, um immer in seiner Nähe zu sein und für ihn zu arbeiten. Sie haben sich mit einem bestimmten Geldbetrag »eingekauft« und leben dort jetzt kostenlos. Alle übrigen wohnen auf eigene Kosten in kleinen Hotels und Pensionen in Poona und müssen auch für die einzelnen Veranstaltungen und Therapiegruppen im Ashram einen bestimmten Betrag entrichten. Der Stammkreis der Anhänger soll auf 5000 beschränkt bleiben.

Jeden Morgen spricht der Guru von 8.00 bis 9.30 Uhr zu seinen Anhängern, im monatlichen Wechsel auf Hindi und auf Englisch. Eingelassen wird, wer den Eintrittspreis von etwa 5,00 DM bezahlt und sich einer strengen Geruchskontrolle unterzogen hat. Der Guru leidet nämlich an Asthma und ist gegen jeden Zivilisationsgeruch von Rasierwasser, Parfum, Deo-Spray oder Frisiercreme allergisch. Den Dienst des Schnupperns üben jeweils 2 Mädchen mit besonders feinen Nasen aus. Die zweite Kontrolle geschieht durch junge Männer und ähnelt den Sicherheitskontrollen auf Flughäfen. Anschließend müssen alle mitgeführten Gegenstände an der Garderobe abgegeben werden.

Die Atmosphäre der Guru-Auftritte hat ein Korrespondent der Süddeutschen Zeitung so beschrieben:

»Schon seit einer halben Stunde wird im offenen Auditorium erwartungsvoll geschwiegen und nun gibt ein amerikanischer Tempeldiener über Lautsprecher bekannt, daß alles Husten, Räuspern und Schneuzen zu unterbleiben habe, sobald der Meister

sich nähert ... Viele der 400 Jünger, die sich um 7.30 Uhr morgens eingefunden haben, leiden zwar unter geräuschvollen Erkältungen, doch als der klimatisierte, von einem weiblichen Chauffeur gesteuerte Straßenkreuzer (Chevrolet Impala) in den Ashram einfährt, da hat das etwa die Wirkung, als habe Wilhelm Furtwängler den Taktstock zum »Parsifal« erhoben; es entsteht eine fanatische Stille.
Lieb schaut er aus! Die riesigen wundervollen Hände zum Gruß gefaltet, mit einem breiten, ansteckenden beinahe spitzbübischem Lächeln – und bemüht, jeden Anwesenden persönlich mit einem schweifenden Blick zu erfassen –, befreit der Meister sein Gefolge von der vorher sorgfältig inszenierten Spannung. Es darf geatmet werden. Dann setzt er sich, selber ganz in weiß, auf einen weiß bezogenen Chefsessel und blickt strahlend auf uns nieder, die wir – alle in orangefarbenen Gewändern – andächtig auf dem Zementboden hocken und seiner täglichen Ansprache harren ... Wichtiger als seine Gedanken – das gibt er nicht nur zu, darauf besteht er sogar –, ist die Wirkung, die er auf die Zuhörer ausübt. Wenn der Meister sich nach 1 ½ Stunden verabschiedet, hinterläßt er ein verwandeltes Publikum, bei dem alle Widerstände (sofern vorhanden) geschmolzen und einem entspannten Trancezustand gewichen sind. Wildfremde Männer und Frauen gehen wie Schlafwandler aufeinander zu, umschlingen sich, sinken gemeinsam zu Boden; die Paare führen sich auf, als hätten sie nicht die Weisheiten des Gurus geschlürft, sondern einen milden aphrodisischen Trank.«[1]

Wer sich dieser »orangefarbenen Familie« des Meisters anschließen will, meldet sich zum »Darjan«, einem persönlichen, abends stattfindenden Treffen mit dem »Bhagwan«. Obwohl der Kreis der jeweiligen Sannyas-Kandidaten relativ klein ist, läuft das gleiche Zeremoniell ab wie am Morgen. Danach werden die Kandidaten namentlich aufgerufen, treten vor und lassen sich zu Füßen des Meisters nieder. Jeder von ihnen erhält die Mala, eine

1. Süddeutsche Zeitung v. 20. Sept. 77.

aus 108 Holzperlen bestehende Kette, mit dem aus Plastik gestanzten Bild des »Göttlichen«, und einen neuen indischen Namen, der im Augenblick der persönlichen Begegnung »geboren« wird. Es folgen Ratschläge zur Teilnahme an bestimmten Kursen und Therapiegruppen, und mit einer Segensgeste durch Berührung der Stirn endet die Initiation. Auf diese Weise sollen bisher über 50000 Interessenten in die »Bhagwan«-Bewegung aufgenommen worden sein.

Den Aussagen von Anhängern und Funktionären zufolge, verfügt Chandra Mohan angeblich über erstaunliche geistige Fähigkeiten. So wird behauptet, er könne pro Woche 50 – 75 neue Bücher lesen und deren Inhalt im Gedächtnis speichern; die Informationen seien jederzeit abrufbereit.

Daneben sorgt er auch selbst dafür, daß das allgemeine Bücherangebot vergrößert wird. Alle Ansprachen werden auf Tonband festgehalten, dann getippt und als Prosa oder in Versform herausgegeben. So soll jede Woche ein neues Buch entstehen bei täglich 50 »druckreif« gesprochenen Schreibmaschinenseiten. In Bombay und Poona, so ist zu hören, wären 12 Druckereien ständig mit »Bhagwan«-Erzeugnissen ausgelastet.

Vielleicht liegt die besondere Anziehung Chandra Mohans darin, daß er sich von anderen indischen Gurus durch mehrere Aspekte unterscheidet. So hat er z. B. keine eigene »Schule« gegründet und keine eigene »Lehre« entwickelt; er nimmt vielmehr Elemente aus fast allen Religionen, Kulturen und philosophischen Systemen auf und vermischt sie miteinander. Bemerkenswert ist in diesem Zusammenhang sein ausgeprägtes Selbstbewußtsein, das von einem recht überheblichen Selbstverständnis zeugt. Das stört seine Anhänger nicht; sie erkennen ihn so, wie er sich darstellt, voll an und können sogar folgende Aussagen machen: »Der Versuch, Bhagwan zu beschreiben, ist die Unmöglichkeit, Sprache über ihre Ausdrucksmöglichkeit zu dehnen«; und: »Er ist ein Phänomen, er hat das höchste Seins-Potential des Menschen verwirklicht«.[2]

2. Pressematerial der Rajneesh-Foundation, Sept. 78, S. 2.

Das Schwergewicht der Bhagwan-Bewegung wird auf Experimente gelegt, die eine allgemeine Religiosität mit Therapie verbinden wollen; daraus hat sich mittlerweile eine Ideologie der »Selbstverwirklichung« entwickelt.

GRÜNDER UND IDEOLOGIE

Ähnlich anderen Hindu-Gurus, die nach ihrer spirituellen Erleuchtung einen neuen Namen angenommen haben und über ihre früheren Lebensabschnitte kaum noch sprechen, liegen auch von den biographischen Daten des *Chandra Mohan* nur Bruchstücke vor. Nach Angaben des Rajneesh-Pressebüros wurde er am 11. Dezember 1931 in dem Dorf Kuchwada in Madhya Pradesh, einem der rückständigsten indischen Bundesstaaten, geboren. Er soll noch 6 Schwestern und 5 Brüder haben. Sein Vater war ein kleiner Geschäftsmann ohne Erfolg. Die Familienreligion ist der *Jainismus*, der das Denken Chandra Mohans stark geprägt hat.

Forscher nehmen an, daß er in ähnlicher Form wie heute schon im 6. Jahrhundert vor Chr. in Nordindien verbreitet war und auf einem Asketen namens *Parshvanatha* zurückgeht, dessen Lehre dann von Vardhamana Mahavira, einem Zeitgenossen Buddhas reformiert und zu einem geschlossenen System zusammengefaßt wurde. Die Zahl der Jaina-Gläubigen betrug bei der Volkszählung 1971 etwa 2,6 Millionen, die vor allem in den Städten Madhya Pradeshs, Rajasthans und Gujarats leben.

Der Name der Religion Jain wird von dem Sanskritsbegriff »Jina« abgeleitet, das so viel wie Sieger bedeutet. Eine Ehrenbezeichnung für die 24 Heiligen dieser Religion – Mahavira war der letzte von ihnen –, die die Wirklichkeit überwunden und »eine Furt durch den Strom der Wiedergeburt gefunden haben«.

Im Jainismus soll den Menschen ein Weg gewiesen werden, um sich von den Verstrickungen in Leid und Elend zu lösen. Der Glaube an eine Schöpfergottheit wird abgelehnt, das ganze Universum unterliegt unwandelbaren Gesetzen. Jeder Zeitabschnitt hat einen Verkünder der rechten Lehre, der den Menschen sagt, wie sie ihre Seelen durch Selbstdisziplin, Meditation und Askese reinigen und zu sich selbst finden können, um erlöst zu werden.

Da die Jaina das ethische Gebot befolgen, kein Lebewesen zu töten (auch keine Insekten), ergreifen sie keine Berufe wie Bauer oder Handwerker. Man findet sie deshalb besonders unter Kaufleuten und im Geldgewerbe, wo die meisten von ihnen durch Ausbeutung unterer Bevölkerungsschichten riesige Vermögen zusammengebracht haben. Industrien, die heute von Jaina beherrscht werden, sind Chemiefabriken, Papierproduktion, das Zeitungswesen (Times of India) und der Juwelenhandel.

Einige der genannten Jain-Elemente, besonders aus der Weltanschauung, tauchen bei Bhagwan und seiner Bewegung wieder auf. Diese selbst hat ihre Wurzeln in einer ›Erleuchtung‹, die Chandra Mohan (nach eigenen Angaben) in der Nacht des 21. März 1953 als Student gehabt haben will. In einem Rundbrief hat er sich ausführlicher dazu geäußert; trotzdem kann er Außenstehenden kaum begreiflich machen, was er mit seiner ›Erleuchtung‹ eigentlich meint, obwohl er behauptet: »Was mir geschehen ist, kann auch euch geschehen.«[3]

Der Kernsatz seiner Ausführungen lautet:

»In jener Nacht öffnete eine andere Realität die Tür, eine andere Dimension wurde für mich erreichbar. Plötzlich war sie da – die andere Realität – wirkliche Realität oder wie immer du es nennen willst. Nenne sie Gott, nenne sie Wahrheit, nenne sie Dhamma, nenne sie Tao oder wie immer du möchtest. Es war namenlos, aber es war da! – So undurchsichtig, so durchsichtig und doch so solide, daß man es hätte berühren können. Es erdrückte mich beinahe in dem Raum, es war zu viel für mich und ich war nicht fähig, es aufzunehmen.«[4]

3. Rajneesh Newsletter Nr. 12, S. 18.
4. Ebd., S. 18.

Die Zeit bis zu seiner ›Erleuchtung‹ beschreibt Chandra Mohan als ständige Arbeit an sich selbst, ohne daß etwas geschehen sei. »Nun verstehe ich, warum nichts geschah. Die große Anstrengung war die Barriere, der Weg selbst behinderte mich, der starke Antrieb zu suchen, war das Hindernis.«[5]

Und dann, sieben Tage vor dem 21. März 1953, habe er aufgehört an sich zu arbeiten, weil der Augenblick kam, wo er die Nutzlosigkeit von Anstrengung erkannte. Mit der Beendigung der »Arbeit«, der »Anstrengung« und des »Suchens« verschwand die Vergangenheit, »als wenn sie nie zu mir gehört hätte ... Ich wurde von meiner Vergangenheit befreit ... Es war kein Verlangen in mir, eine Kontinuität mit der Vergangenheit aufrecht zu erhalten.«[6]

Chandra Mohan glaubt, bei seiner ›Erleuchtung‹ einen Sprung getan zu haben. Weg von seinem falschen ›Selbst‹, weg von seinem ›Ego‹. Das ›Ego‹ ist seiner Meinung nach etwas, was den »materiellen Menschen« oder die »materielle Persönlichkeit« ausmacht, z. B. das meist auf die Zukunft ausgerichtete Seinwollen und Haben-wollen. Dieses ›Ego‹ sei wie ein Prozeß, glaubt Mohan.

»Es ist keine Substanz, die sich in dir befindet. Du mußt es jeden Augenblick neu erschaffen ... weil es aus dem »Nicht-Existenten« entsteht; es ist wie eine Fata-Morgana. Es besteht nur aus Wunschdenken, aus nichts anderem. Es besteht nur aus Zukunft und nichts anderem. Das ›Ego‹ ist nicht in der Gegenwart, es ist in der Zukunft ... wenn du in der Gegenwart bist, ist das Ego keine Fata-Morgana – und es beginnt zu verschwinden.«[7]

Die Zerstörung des ›Ego‹ in der Aufhebung von Kontinuität zwischen Vergangenheit und Gegenwart scheint sich zu einem Lieblingsgedanken bei Chandra Mohan entwickelt zu haben. An vie-

5. Ebd., S. 14.
6. Ebd., S. 17.
7. Ebd., S. 15.

len Stellen kommt das zum Ausdruck, besonders aber, wenn er auf sein ›Erlebnis‹ zu sprechen kommt.

»In jener Nacht, als ich leer wurde, wurde ich voll. Ich wurde nicht-existent und wurde existent. Jene Nacht starb ich und wurde wiedergeboren – aber derjenige, der wiedergeboren wurde, hatte nichts mit demjenigen zu tun, der gestorben war, die Kontinuität wurde unterbrochen ... Nein, es gibt keine Kontinuität. An jenem 21. März ist die Person, die viele, viele Leben lang, tausend, gelebt hat, einfach gestorben. Ein anderes Sein, absolut neu, in keinem Fall mit dem alten verbunden, begann zu existieren.«[8]

In dieser Weise wird die Beschreibung von ›Ego‹ und ›Erleuchtung‹, von ›Realität‹ und ›Selbst‹ weitergeführt und ständig variiert. Trotz seiner inneren Lösung von der Vergangenheit blieb Chandra Mohan äußerlich noch sieben Jahre mit ihr verbunden. Er soll 1957 sein Studium abgeschlossen und anschließend Philosophie gelehrt haben, zunächst am Sanskrit College in Rajpur und später an der Universität von Jabalpur. Während dieser Zeit, so berichtet sein Pressebüro, unternahm er einige Reisen durch Indien und sprach über sein ›Erleuchtungserlebnis‹. Dabei experimentierte er mit verschiedenen Meditationstechniken, um auch bei anderen die »Transformation« zu erreichen, die er selbst erlebt hatte. Im Sommer 1964 veranstaltete er sein erstes 10 Tage dauerndes Meditationscamp in Rajasthan. Von seinen Anhängern wird erzählt, daß Chandra Mohan ein »feuriger, spiritueller Rebell« gewesen sei, »der die Dinge beim Namen nannte« und deshalb Schwierigkeiten mit den Universitätsautoritäten bekam, besonders wegen seiner frei geäußerten Ansichten über Politik, Religion und Sex in Indien. Deshalb war er gezwungen, 1966 seine Tätigkeit als Philosophielehrer aufzugeben. Von da an habe er sich völlig »Gott gewidmet«. In den folgenden zwei Jahren reiste er wiederum durchs Land und hielt Vorträge in Privathäusern und in der Öffentlichkeit, sogar vor 15–20000 Menschen.

8. Ebd., S. 22.

Anfang 1969 hatte er kein Interesse mehr an Massenveranstaltungen und zog sich zurück. Mit Hilfe einiger Anhänger, die den Kern der späteren ›Rajneesh Foundation‹ bildeten, ließ er sich in Bombay nieder und gründete eine Wohngemeinschaft, die durch Sex-Riten auf tantristischer Basis Aufsehen erregt haben soll. Seit 1970, als die ersten »Suchenden« aus dem Westen zu ihm kamen, hat er viele von ihnen empfangen und diejenigen zu »Neo-Sannyasin« gemacht, die bereit waren, ihr »spirituelles Potential« zu verwirklichen.

Im Hinduismus gehören die ›Sannyasin‹ zur Priesterkaste der Brahmanen. Da es über 15 Mill. Brahmanen gibt und nur ein kleiner Teil von ihnen priesterliche Funktionen in Tempeln ausüben kann, findet man die große Mehrheit von ihnen in weltlichen Berufen. Andere ziehen als Asketen frei herum und leben von Almosen. Solche ›Sannyasin‹ genannten Asketen stehen bei der Bevölkerung zum Teil in hohem Ansehen.

Im Gegensatz zur Askese, Disziplin und Entsagung der echten ›Sannyasin‹ bietet Chandra Mohan seit Beginn seiner Guru-Tätigkeit allen »Suchenden« ein fröhliches, der Welt zugewandtes Leben und nennt es »Neo-Sannyas«. Es ist verständlich, daß Inder solche Aktivitäten mit einigem Mißtrauen verfolgen. Gut 5 Jahre dauerte sein Aufenthalt in Bombay. Am 21. März 1974, dem 21. Jahrestag seiner ›Erleuchtung‹ zog er in seinen neuen Ashram nach Poona um.

Die Anhänger Chandra Mohans verehren ihren Guru als »göttlichen Meister« und bewegen sich damit vollständig auf der von ihm und seinem Selbstverständnis vorgezeichneten Linie. »Ich bin der Beginn einer Tradition, nicht das Ende. Ich habe mit vielen Meistern gearbeitet, aber ich bin niemals ein Schüler gewesen.«[9]

Grundlage seiner Guru-Tätigkeit ist die Behauptung, daß die Wahrheit immer an einen »lebenden Meister« gebunden sei. »Die Wahrheit hält sich nicht lange auf Erden, sie kommt und geht wieder.« Immer wenn ein »Erleuchteter« auf Erden sei, kön-

9. esotera 8/77, S. 696

tet, sondern auf die Begegnung mit dir selbst. Wenn erst einmal etwas aufgedeckt ist, dann verdunstet es von selbst. Bring die Wurzeln rauf und sieh ganz genau, wo das Problem liegt.«[13]

AUM-Encounter:
(AUM = Awarenes/Understanding/Meditation)
»Für Leute, die in kurzer Zeit wirklich intensiv den Ursachen ihrer Unzulänglichkeiten, die meistens in früheren Lebensphasen liegen, zu Leibe rücken wollen. Die AUM ist eine starke Bewußtseinsübung, die darauf hinzielt, alles, was augenblicklich in unseren Beziehungen zu uns selbst und der Gesellschaft geschieht, zu übertreiben und durch ständigen überpersonalen Blickwinkel zu betrachten. Dadurch, daß man zu den extremen Polaritäten geht, werden sich die Teilnehmer darüber bewußt, wie sie sich vom Lockerlassen zurückhalten. Therapie ist eine Sache der Liebe; wenn das so ist, kann ein Tritt in den Hintern ein Liebesakt sein.«[14]

Vipassana:
»Vipassana ist eine Meditation des Theravada-Buddhismus. Das Wort Vipassana (aus dem Pali) bedeutet Innenschau. Die Meditation pflegt die Entwicklung der Innenschau in die Natur des Selbst. Die Teilnehmer werden dazu aufgefordert, alle Phänomene, die aufkommen, einfach zu beobachten, zu registrieren und zu beachten – nicht zu denken, zu analysieren, zu reflektieren oder zu beurteilen. Gedanken, Gefühlen usw. soll erlaubt werden zu kommen und zu gehen, ohne daß man sich mit ihnen identifiziert oder von ihnen gefangen ist. Man ist auf den Atem bewußt, während man sitzt; auf die Füße, wie sie den Boden berühren, während man geht, sowie auf die grundlegenden Aktivitäten wie Essen, Waschen, Pinkeln usw. Dieses Aufmerksamkeitstraining wird dadurch unterstützt, daß man völliges Schweigen einhält (ausgenommen Fragen an den Leiter) und alle Bewegungen ver-

13. Purvodaya Zentrum, Programm Jan.–Aug. 78.
14. Ebd.

Dem Alltag entrückt:
Auf dem heiligen Berg (Mount Abu, Indien)

langsamt. Schweigen, Zeitlupentempo und Aufmerksamkeit sind grundlegende Aspekte dieser Innenschau.
Vipassana vermittelt einen neuen Sinn von »Erwachtsein« im gegenwärtigen Moment. Daraus folgt eine verbesserte Fähigkeit, im Hier und Jetzt zu sein und eine gesteigerte Sensitivität gegen sich selbst, zu anderen und der ganzen Existenz zu enthalten. Absolute Kontaktsperre zur Außenwelt.«[15]

15. Ebd.

Außer durch »Therapie-Kurse« wie in den eben beschriebenen, geschieht die Selbstverwirklichung der Suchenden auch durch eine Vielzahl von Meditationsmethoden, die jeweils in mehreren Phasen durchgeführt werden. Hier zwei Beispiele:

Whirling-Meditation: (Sufi-Derwisch-Tanz)
»Musik, Augen geöffnet. Einige Stunden vorher nichts essen und trinken. Drehe dich 45 Min. um dich selbst, entgegen dem Uhrzeigersinn. Rechter Arm ausgestreckt, halb nach oben, rechte Handfläche nach oben. Linker Arm ausgestreckt, halb nach unten, Handfläche nach unten. Wenn du umfällst (oder nach 45 Min. laß dich umfallen), dann falle, ohne dich zu wehren oder zu kontrollieren und bleibe 15 Min. liegen. Wenn du nicht auf den Bauch fällst, rolle dich auf den Bauch und fühle, wie du mit der Erde verschmilzt.«[16]

Der wichtigste und häufigste der »Meditations-Tänze« geschieht wohl in der »Dynamischen«, die bezeichnenderweise auch »chaotische« Meditation genannt wird.

Dynamische Meditation:
»1. Phase: 10 Min. schnelles, kräftiges, unrhythmisches, chaotisches Atmen durch die Nase. Betonung auf der Ausatmung. Gehe so tief wie möglich in das Atmen und werde der Atem, vergiß alles andere. Laß keine Gedanken zu. Atme.
2. Phase: 10 Min. Laß dich nun völlig gehen und drücke alles aus, was du gerade fühlst; hier kannst du verrückt spielen. Schreie, rufe, tobe, tanze, lache, weine, tue, was du fühlst und sonst nie darfst.
3. Phase: 10 Min. Hebe die Arme in die Höhe und fange an, auf- und niederzuspringen. Dabei rufe das Wort Huu (Who – Wer bin ich) laut aus. Hämmere das Wort so stark wie du kannst und erreiche die tiefste Stille in deinem Bauch mit dem Wort, rufe chaotisch und schnell.

16. ›Sannyas‹ – Deutsche Ausgabe 2/76, S. 62.

4. Phase: 15 Min. Beim Stop, stoppe sofort jede Bewegung und verharre wie du gerade bist, wie eine Statue.
5. Phase: 10 Min. Zelebriere und erfreue dich mit Tanzen.«[17]

KURZKOMMENTAR

Wer die Teilnehmer solcher »Meditations-Tänze« schreien und jammern hört und ihre extremen Verrenkungen sieht, stellt sich unwillkürlich die Frage, ob das wirklich der Weg ist, wie der Guru behauptet, zu sich selbst zu kommen und seine eigene Persönlichkeit zu entfalten. Gruppentherapie kann natürlich beitragen, daß Menschen Angst abbauen, Vereinsamung aufheben, Kontakte knüpfen und ein Gefühl der Geborgenheit erfahren. Viele Poona-Pilger haben erklärt, daß sie sich dort eher zu Hause fühlen als in ihrer Heimat.
Welche »Persönlichkeit« aber wollen die »Bhagwan«-Anhänger mit der »Ego«- und »Selbst»-Ideologie ihres Guru erreichen? Eine menschliche Existenz, die ihre Vergangenheit abstreift wie ein Hemd, die keinen Gedanken an die Zukunft verschwendet, die im »Hier« und »Jetzt« den Lebensinhalt erblickt, kein Interesse an politischen, gesellschaftlichen oder diakonisch-sozialen Dimensionen hat, die keine Verantwortung übernehmen will, die keine Stellung für oder gegen eine Sache bezieht, sondern einfach nur »ist«?
Dennoch scheint Poona und was dort im Ashram geschieht, nicht nur die »Suchenden« zu faszinieren, sondern bisweilen auch westliche Intellektuelle und sogar Theologen:
»Angesichts von Poona müßte die Selbstkritik ungeheuer sein. Es wäre viel, wenn die Christen ihren leiblich nicht gegenwärtigen Christus nur halb so liebten wie die Sannyasin ihren sichtbaren Meister. Es wäre ungeheuer, wenn Christen Jesu Worte so auf sich wirken ließen, wenn sie so in ihnen lebten, wie diese Sannyasin Worte Jesu und aller Weltreligionen durch Bhagwan verstehen.«[18]

17. Ebd., S. 61.
18. Ev. Kommentare 11/78, S. 751.

Für viele Frustrierte, Ausgeflippte und solche, die mit dem Leben und seinen Realitäten nicht zurechtkommen, scheint Chandra Mohan die letzte Hoffnung zu sein. Wie sieht aber die Verantwortung aus, die er angeblich für seine Anhänger übernimmt? »Ihr habt euch mir angeschlossen, ich bin für euch verantwortlich. Ich muß mich um euch kümmern. Ihr könnt nicht immer bei mir sein, aber ich kann immer bei euch sein. Die Kette mit meinem Bild soll euch immer an unsere Verbindung erinnern.«[19]
Vermittelt er ihnen wirklich mehr als einen, auf seiner sicher vorhandenen Ausstrahlungskraft basierenden Selbstbetrug? Mehr als eine nach ihm süchtig machende Droge? Chandra Mohan bezeichnet sein System als »Psychologie des Wahnsinns«. Es fällt nicht schwer, das zu glauben.

2. Scientology-Kirche: Als Thetan zu den Sternen und darüber hinaus

BILDER AUS DER SZENE

Im Bereich der Weltanschauungen und Ideologien, der philosophischen Systeme und religiösen Bekenntnisse wird oft eine scharfe Klinge gefochten, wenn es darum geht, den eigenen Standpunkt zu verteidigen oder andere von dessen Richtigkeit zu überzeugen. Wer an diesem Kampf um die ›Wahrheit‹ teilnehmen will, muß jedoch die Fähigkeit besitzen, zunächst Kritik an der eigenen Sache zu akzeptieren, um dann auch Kritik an anderen Denkmodellen üben zu können.
Was soll man aber von einer Organisation halten, die pauschal und rücksichtslos alle Kritiker an ihrer Sache zu Kriminellen erklärt? Das tut eine Psycho-Gruppe, die sich selbst ›Scientology-Kirche‹ nennt (Scientology = Lehre vom Wissen).

19. »Ekstase in Orange«, WDR III, 9. Dez. 78.

»Diejenigen, die die Scientology kritisieren oder abfällige Bemerkungen darüber machen, können einer eingehenden Überprüfung ihrer vergangenen Taten oder Absichten nicht standhalten. Das ist Gott sei Dank ein glücklicher Umstand für uns. Der Kriminelle scheut das Tageslicht. Und wir sind das Licht ... Wann immer wir den Hintergrund einer Kritik an Scientology untersucht haben, fanden wir strafbare Handlungen, für die die Person – gemäß den existierenden Gesetzen – hätte ins Gefängnis kommen können. Wir fanden niemals Kritiker der Scientology, die keine kriminelle Vergangenheit hatten.«[20]

In dem Faltblatt »Die Kritiker der Scientology«, aus dem diese Sätze stammen, werden noch andere abenteuerliche Behauptungen aufgestellt, etwa: »Wir tun in wenigen Minuten mehr Gutes zur Verbesserung der Menschheit, als sämtliche Anstrengungen aller Sozialministerien auf der Welt.«[21] Unter diesem Aspekt müsse man die Existenz von Nicht-Scientologen als »vollkommen hoffnungslos und verhängnisvoll« bezeichnen. Und dann wird ganz handfest gedroht, den »Gottlosen« eine Lektion zu erteilen; jeder, der sich Scientology in den Weg stellt, setze sich *augenblicklich* einem Risiko aus.
Dieses ›Risiko‹ scheint zu allererst darin zu bestehen, von der Scientologen-Organisation in ein Gerichtsverfahren verwickelt zu werden. Angesichts der inzwischen schier unübersehbaren Zahl von Verfahren – einer ihrer Funktionäre: »Wir führen überall in Europa und Nordamerika zur Verteidigung und zum Gegenangriff zahlreiche Prozesse«[22] – könnte man fast von einer irrationalen Prozeßwut dieser Psycho-Gruppe sprechen.
Daneben bedient sie sich in der Auseinandersetzung mit Kritikern und Gegnern oft recht handgreiflicher Methoden, wie ehemalige Mitglieder der Gemeinschaft, Verlage, Journalisten und kirchliche Beauftragte für Sektenfragen glaubhaft bezeugen können.

20. »Die Kritiker der Scientology« (Flugblatt), S. 2.
21. Ebd., S. 2.
22. Stern 4/79, S. 78.

So gab die Fernseh-Zeitschrift ›Gong‹ die Aussage des derzeitigen ›Report‹-Moderators Klaus Stephan wieder, der eine Sendung über Scientology produziert hatte: »Meine Kollegen und ich sind bedroht worden – von den Mitgliedern jener Sekte, die sich Scientology-Kirche nennt.«[23] Einem Journalisten, der einen Bericht über die Finanzen der »Sekte« erstellte, so der ›Gong‹ weiter, wurden nicht nur Prügel angedroht, er sei auch telefonischem Psycho-Terror ausgesetzt worden. Einem anderen Mitarbeiter an der betreffenden Sendung hätte man bei seinen Recherchen die Brille aus dem Gesicht geschlagen.

Kirchliche Beauftragte für Sektenfragen sind nach Ansicht eines Gelsenkirchener Scientologen »Dreckschleudern«, die am besten »zwei Meter unter der Erde« aufgehoben seien.

Eindrückliche Erfahrungen im Umgang mit Scientology konnte auch die Verbraucherschutz-Organisation ›Aktion Bildungsinformation e. V.‹ (ABI) in Stuttgart sammeln, die sich mit den besonderen Geschäftspraktiken und Werbemethoden der Psycho-Gemeinschaft beschäftigte. Die ABI führte in den Jahren 1975 und 1976 insgesamt sieben Prozesse mit einem Streitwert von insgesamt 300000 DM. Alle sieben Verfahren hat Scientology verloren. Im Hinblick auf deren Werbemethoden hatte das Oberlandesgericht Stuttgart festgestellt, daß die Werbung der Scientology-Vereine für Bücher und Kurse durch Ansprechen von Straßenpassanten anstößig und aufdringlich und daher nach dem Gesetz gegen den unlauteren Wettbewerb sittenwidrig und unzulässig sei.

Zu den verlorenen Schlachten der Scientologen gehören auch ihre Versuche, solche Verlage unter Druck zu setzen, die Kritisches über sie herausbringen. So hatte z. B. der Frankfurter Verlag ›Olympia Press Deutschland‹ das Buch des ehemaligen Scientologen Robert Kaufman »Übermenschen unter uns« veröffentlicht. Daraufhin verlangten die Funktionäre der Psycho-Gruppe, die Verbreitung gerichtlich verbieten und alle schon ausgelieferten Exemplare einziehen zu lassen. Das Landgericht Frankfurt

23. Gong 36/77, S. 7.

wies dieses »offensichtlich unbegründete« Ansinnen im Oktober 1972 kostenpflichtig ab, da die Scientologen nicht hatten glaubhaft machen können, »daß die vom Autor behaupteten Tatsachen unwahr oder unrichtig wiedergegeben seien«.[24]
Ein Konstanzer Verlag, der ein Buch über »Glaubensgemeinschaften im Abseits« vorbereitete, wurde 1977 von der Psycho-Gemeinschaft barsch aufgefordert, eine Erklärung abzugeben, »die aussagt, daß die Scientology-Kirche in diesem Buch nicht erwähnt wird«.[25] Natürlich scheiterte auch dieser dreiste Einmischungsversuch.

GRÜNDER UND IDEOLOGIE

Als Erfinder dieser sehr umstrittenen und höchst intoleranten ›Scientology-Kirche‹, die sich gerne als »verfolgte religiöse Minderheit« darstellt, zeichnet ein gewisser *Lafayette Ronald Hubbard,* abgekürzt L. Ron Hubbard, der am 13. März 1911 in Tilden/Nebraska (USA) als Sohn eines US-Marine-Offiziers geboren wurde. Seine frühe Kindheit verbrachte er in Montana auf einer Viehranch, die seinen Großeltern gehörte.
1922 zog die Familie in die Bundeshauptstadt Washington. Von 1924 ab soll er mit seinem Vater einige Zeit durch Indien und den Fernen Osten gereist sein. Mit 19 Jahren begann L. Ron Hubbard an der George Washington University ein Studium der Ingenieurwissenschaften, das er aller Wahrscheinlichkeit nach jedoch nicht beendete.
In der Folgezeit will er vier Studienreisen nach Mittelamerika geleitet oder an ihnen teilgenommen haben, »die sich mit dem Studium primitiver Völker und Kulturen«[26] befaßten. In den 30er Jahren widmete er sich der Herstellung von Science-Fiction-Roma-

24. Urteil LG Frankfurt v. 30. Okt. 72.
25. Scientology-Brief v. 10. Nov. 77.
26. Buchumschlag »Dianetics – die moderne Wissenschaft der geistigen Gesundheit«.

nen, die in den Magazinen ›Astounding Science Fiction‹ und ›Thrilling Wonder Stories‹ erschienen.
Nach eigenen Aussagen begann Hubbard 1935 damit, die Funktion und Strukturen des menschlichen Verstandes (engl. ›mind‹) zu untersuchen, was später zu seinem Therapie-System mit dem Namen ›Dianetics‹ führte (aus dem Griechischen: ›dia‹ = durch; ›nous‹ = Verstand).
Am 2. Weltkrieg habe Hubbard als Navy-Offizier teilgenommen, so der offizielle Lebenslauf, und sei im späten Frühling 1942 mit den ersten verwundeten US-Soldaten aus dem Fernen Osten nach Hause zurückgekehrt.

»Erblindet durch verletzte Sehnerven und erlahmt durch körperliche Verletzungen an Hüfte und Rücken, hatte ich am Ende des zweiten Weltkriegs eine praktisch existenzlose Zukunft vor mir. Mein Tauglichkeitsbericht hält fest: ›Dieser Offizier hat keinerlei neurotische oder psychotische Neigungen‹, aber: ›Körperlich untauglich für immer‹ ... Innerhalb von weniger als zwei Jahren bahnte ich mir den Weg zurück zu Tauglichkeit und Kraft, indem ich nur anwandte, was ich wußte ... Ich hatte niemanden, der mir half; was ich wissen mußte, mußte ich selbst herausfinden.«[27]

Christopher Evans berichtete jedoch in seinem Buch »Kulte des Irrationalen«, daß ein Vertreter der US-Marineverwaltung erklärt habe: »Eine Überprüfung der Akte von Mr. Hubbard ergibt keinerlei Anhaltspunkte dafür, daß er im Dienste der US-Marine verwundet wurde.«[28]
1950 legte Hubbard die Ergebnisse seiner ›dianetischen‹ Forschungen in einem 529 Seiten umfassenden Buch vor; Titel: »Dianetics – die moderne Wissenschaft der geistigen Gesundheit«. Gleichzeitig gründete er die ›Dianetic Research Foundation‹, die 1952 ihren Bankrott erklären mußte. Aber Hubbard machte weiter. Inzwischen hatte er sein ›Forschungsgebiet‹ um

27. Hubbard, »Meine Philosophie«, S. 2f.
28. Chr. Evans: Kulte des Irrationalen, 1976, S. 26.

verschiedene weltanschauliche Elemente erweitert und nannte es ›Scientology‹, die ›Lehre vom Wissen‹. Am 19. Mai 1954 wurde Scientology offiziell registriert; ›Dianetics‹ war zu einem Teilbereich der neuen Weltanschauung geworden.
Ein Jahr später konstituierte sich Scientology als ›Kirche‹ und erhielt am 21. Juli 1955 das ›Certificate of Incorporation‹ für die ›Founding Church of Scientology‹.
Gegen Ende der 50er Jahre wurde die zentrale Verwaltung der Scientology von Amerika nach England verlegt, und zwar nach East Grinstead in Sussex, südlich von London. Saint Hill Manor, ehemaliger Landsitz des Maharaja von Jaipur wurde neues Welthauptquartier. Im Sommer 1968 bekamen Hubbard und seine ausländischen Anhänger in Großbritannien Schwierigkeiten. Auf einige von Parlamentsabgeordneten eingebrachte Fragen, antwortete der damalige Gesundheitsminister Kenneth Robinson, Scientology sei ein »sinnloser Kult«, der sich »bewußt an die Schwachen, die Unausgeglichenen, die Unreifen, die Entwurzelten, die geistig und emotional Labilen« heranmache. Die Therapiemethoden könnten zu einer »ernsthaften Gefahr für die Gesundheit derer werden, die sich ihnen unterwerfen«.[29] Daraufhin verbot das Parlament im August 1968 allen ausländischen Scientologen, unter ihnen Hubbard selbst, die Einreise nach Großbritannien. Fortan residierte der Scientology-Chef auf den drei Schiffen seiner ein Jahr zuvor gegründeten ›Sea-Org‹ (See-Organisation); dabei diente die 3287-Tonnen-Jacht ›Apollo‹ bis Anfang 1976 als Flaggschiff der Flotte, zu der noch die ›Royal Scotsman‹ und die ›Athena‹ gehörten. Seit November 1970 haben sich die Scientologen auch in Deutschland verbreitet und oft unliebsam von sich reden gemacht.
Um die geschilderten negativen Reaktionen staatlicher Stellen einerseits, aber andererseits auch die von dieser Psycho-Gruppe und ihrer Ideologie anscheinend ausgehende Faszination zu verstehen, müssen die zentralen Begriffe ›*Dianetics*‹ und ›*Scientology*‹ etwas näher beleuchtet werden.

29. Zitiert im Stern 4/79, S. 76.

Dianetics

Hubbard hatte sich zunächst gefragt, was eine ›Wissenschaft vom Verstand‹ (Dianetics) leisten sollte. Seine Antwort: in erster Linie sollte sie »die einzige Ursache aller Geisteskrankheiten, Psychosen, Neurosen, Zwänge, Verdrängungen und sozialen Störungen« herausfinden und gleichzeitig eine Technik anbieten, »mit deren Hilfe die entdeckte einzige Ursache ausnahmslos beseitigt werden könnte ... «[30] Er glaubte herausgefunden zu haben, daß der menschliche Verstand (›mind‹) einen positiven und einen negativen Aspekt habe und bezeichnete sie als den ›analytischen mind‹ und den ›reaktiven mind‹. Konkret stellte er sich das so vor: alles, was der Mensch erlebt, wahrnimmt und beobachtet und gerne in Erinnerung behält, wird vom ›analytischen mind‹ aufgefangen und in der ›Standard Gedächtnis Bank‹ gespeichert. Nun gibt es aber Situationen, in denen der Mensch nicht Herr über den ›analytischen mind‹ ist, da dieser inaktiv wird und aussetzt. Das geschieht besonders bei den Zuständen sogenannter ›Bewußtlosigkeit‹, zu denen Hubbard neben der eigentlichen Ohnmacht auch Schock, Delirium und Schmerz zählt. Alle Eindrücke, Gefühle und Bilder, die während dieser Zustände auf den Menschen einströmen, werden vom ›reaktiven mind‹ aufgenommen und in der ›Reaktiven Bank‹ gespeichert. Hubbard nennt solche negativen Eindrucksbilder ›Engramme‹ und definiert: »Engramm – der vollständig aufgezeichnete Inhalt eines Augenblicks von ›Bewußtlosigkeit‹, der physischen Schmerz oder schmerzliche Emotionen und alle Wahrnehmungen enthält. Es ist die einzige Ursache von Aberrationen und psychosomatischen Krankheiten«.[31] ›Aberrationen‹ ist dabei ein Sammelbegriff für Psychosen, Neurosen und jegliche Art von Zwangsvorstellungen.

Normalerweise ruhen die Engramme, können aber durch den ›Reiz-Antwort-Mechanismus‹ wiederbelebt werden; dadurch al-

30. Hubbard: Dianetics – die moderne Wissenschaft ... 2. Aufl. 1976, S. 5f.
31. Ebd., S. 516.

so, daß man sich bei ähnlichen äußeren Erlebnissen, Bildern oder Vorgängen an die eigenen negativen Erfahrungen erinnert. Wer z. B. einmal von einem Hund sehr schmerzhaft gebissen worden ist, dem hat sich dieses Erlebnis als Engramm in den ›reaktiven mind‹ eingegraben; danach ist es jedoch so lange nicht mehr gegenwärtig, wie der Betreffende keinen Hund sieht oder einen nach ihm schnappenden Hund vor sich hat. Tritt aber ein solcher Fall ein, dann wird das Engramm ›restimuliert‹ und bestimmt sein augenblickliches Denken und Fühlen: er hat Angst vor dem Hund.

Andere Engramme signalisieren Angst vor Schlangen, Angst vor dem Verlust des Arbeitsplatzes, Angst davor, Gift im Essen zu haben, usw. »Wenn ein Psychotiker meint, er sei Gott, dann hat er ein Engramm, das ihm sagt, er sei Gott ... Wenn einer davon überzeugt ist, alles kaufen zu müssen, was er sieht, ungeachtet seines Einkommens, dann hat er ein Engramm, das ihm sagt, alles zu kaufen, was er sieht.«[32] Insgesamt rechnet Hubbard bei jedem Menschen mit 200 bis 300 Engrammen, die die verschiedenen geistigen und physischen Krankheiten hervorrufen.

Scientology

Wenn ›Dianetics‹ etwas mit der Praxis zu tun hat, so geht es bei ›Scientology‹ um den dazugehörenden theoretischen Überbau, um eine Art ›philosophisches‹ Raster. Bei der Einschätzung ihres Systems sind die Anhänger Hubbards nicht gerade schüchtern; sie behaupten, daß »Scientology die lebenswichtigste Bewegung unserer Zeit« sei und daß »das einzige entscheidende Wettrennen dieses Zeitalters zwischen der Scientology und der Atombombe« stattfinde; »die Zukunft der Menschheit hängt davon ab, wer dieses Wettrennen gewinnt ... »[33]

Scientology, so Ron Hubbard, sei zusammengesetzt aus dem Weisheitsgut der ganzen Welt; die hinduistischen Veden würden darin vorkommen und die Lehren von Gautama Buddha; das

32. Ebd., S. 218.
33. Zitiert in VELKD-Information »Was ist Scientology?«, S. 10.

Wissen der chinesischen Lamaklöster, die mathematischen Erkenntnisse der Griechen, Römer und Araber ebenso wie die Philosophien von Kant, Nietzsche und Schopenhauer; daneben gäbe es verschiedene Bestandteile aus dem Christentum und aus den Technologien der westlichen und östlichen Zivilisation, wie sie zu Beginn unseres Jahrhunderts bestanden haben.
Aus den Veden (heilige Schriften des Hinduismus) als der »ältesten Quelle der Scientology« habe man den »Glauben an die Reinkarnation« übernommen, was in die Vorstellung einmündet, »daß der Mensch ein unsterbliches geistiges Wesen ist, einen Körper und einen Verstand hat (und nicht ein Körper oder Verstand ist) sowie in dem Ziel, vollkommene geistige Freiheit für sich und seine Mitmenschen zu erlangen«.[34]
Die Ähnlichkeit zwischen dem Buddhismus und Scientology wird darin gesehen, daß man in beiden das Zusammenspiel von Ursache und Wirkung kennt, besonders im Hinblick auf die Probleme des Menschen. Wie der Buddhismus wolle Scientology beim Menschen anfangen, ihm Werkzeuge zur Problembewältigung an die Hand geben und ihn fähig machen, alle Aspekte des Lebens, besonders des geistigen Lebens, bewußt wahrzunehmen.
Auch das Christentum mußte herhalten, um einen Teilbereich von Scientology zu definieren. Dabei greift man »die einfache Botschaft Christi über die Wahrheit und die Liebe Gottes« heraus, die dazu verhelfen könne, seinen Nächsten zu lieben, »sogar unsere Feinde«. Jesus predigte den »Weg zu Gott« und die »Befreiung des Geistes« sowie die »Verantwortung des Menschen für seine Mitmenschen« ... »Wer sich in dieser Weise verantwortlich fühle und anderen helfe, erfahre »Zufriedenheit« und »Freude«.

»Es ist diese Freude, die ein Geistlicher der Scientology-Kirche bei seiner täglichen Arbeit erfährt. Als Auditor kann er beobach-

34. »Glaube und religiöses Brauchtum der Scientology-Kirche«, S. 4f.

ten, wie Menschen ihre Probleme lösen und so ihre Bürde erleichtern und zu glücklichen und zufriedenen Menschen werden.«[35]

Aus dem Hinduismus, Buddhismus und Christentum entlehnte religiöse Details wurden nun zusammen mit verschiedenen Science-Fiction-Elementen zu einem wirren System vermischt und auf der Grundlage eines pseudo-wissenschaftlichen, künstlich geschaffenen Vokabulars als ›Religionsphilosophie‹ und ›moderne Religion‹ auf den Markt gebracht.

In der Lehre dieser neuen Religion spielen die beiden Begriffe ›*Theta*‹ und ›*Thetan*‹ die wichtigste Rolle. Mit dem griechischen Buchstaben Theta bezeichnen die Scientologen eine schöpferische, geistige Energie oder Lebenskraft, die in ihrer ursprünglichen Form die Ursache für alles Materielle ist. Sie steht dem Thetan zur Verfügung, dem unsterblichen, ewigen Geist des Menschen. ›Thetan‹ ist also der eigentliche Mensch, unabhängig von seinem Körper, seinem Bewußtsein oder seinem Verstand. Er unterliegt deshalb auch nicht den Beschränkungen der Zeit, des Raumes und der Materie; er steht über dem Universum und hat die Fähigkeit, sich dieses Universum aus Materie (*m*atter), Energie (*e*nergy), Raum (*s*pace) und Zeit (*t*ime) – MEST – selbst zu erschaffen. Für den Thetan kann es verschiedene Seins-Zustände geben, unter anderem, sich körperlos außerhalb des physikalischen Universums aufzuhalten oder willentlich außerhalb seines menschlichen Körpers, um diesen von außen zu dirigieren (Exteriosiation). Solche an Parapsychologie erinnernde Fähigkeiten des Thetan, den Körper zu verlassen und in ihn zurückzukehren, sind für alle Scientologen erstrebenswert.
Ursprünglich, so glaubt L. Ron Hubbard, hatten alle Menschen das Bewußtsein, unsterbliche geistige Wesen zu sein; als Thetanen waren sie fähig, das chaotische Universum zu ordnen und sich ihre eigenen Körper zu schaffen. Sie waren absolut frei.

35. Ebd., S. 6.

Heute glauben die Menschen jedoch, von Materie, Raum und Zeit abhängig zu sein.
Bei der Erklärung, wie es zu dieser Bewußtseinstrübung kommen konnte, griff Hubbard auf seine Science-Fiction-Phantasie zurück: Einst lebten die Thetanen glücklich und vollbewußt auf dem Planeten Helotrobus. Der dort vor 35 Milliarden Jahren herrschende Fürst Xenn hatte aber Sorgen wegen der Übervölkerung. So verpflanzte er kurzerhand 2 Milliarden Thetanen mit Hilfe einer Wasserstoffbombe auf die Erde. Bei diesem Transfer machte er sie zu Sklaven, indem er ihre ›Ganz-Spur‹ (die gesamte Zeit-Spur über Milliarden von Jahren) mit negativen Vorfällen auflud.
Wenn man den heutigen Menschen nun das ursprüngliche Wissen um ihre Identität als Thetanen zurückgeben könnte, würde man sie aus dem »Sklavendasein« erlösen und zur totalen Freiheit führen. Dieser Wunschtraum soll durch Scientology verwirklicht werden.
Hubbards Anhänger glauben, daß sich die Menschen in ihren Aktivitäten von acht ›Dynamiken‹ bestimmen lassen:

1. Dynamik: das Streben, als Individuum zu existieren und sich selbst zu entfalten.
2. Dynamik: das Streben nach zwischenmenschlicher Bindung und Gründung einer Familie.
3. Dynamik: der Drang nach Zugehörigkeit zu einer Gruppe, Berufs-, Sport- oder Gesinnungsgruppe.
4. Dynamik: der Drang zum Dasein als Menschheit.
5. Dynamik: der Drang zum Überleben durch den Fortbestand der Tier- und Pflanzenwelt.
6. Dynamik: der Drang nach Überleben durch das physikalische Universum.
7. Dynamik: der Drang nach einem Dasein als geistiges Wesen.
8. Dynamik: das Streben nach Unendlichkeit, nach der Existenz als höchstes Wesen[36].

36. Ebd., S. 12.

Die Eigenschaft eines Thetan ist nicht, sich »bestimmen zu lassen«, sondern »selbst zu bestimmen«, selbst die Ursache für Wirkungen zu sein. Scientology zeigt diesen Weg, der durch die ersten sieben Dynamiken nach oben führt, bis der Strebende auf der achten Stufe wieder das freie, völlig unabhängige Geisteswesen von einst geworden ist, der Thetan.

PSYCHO-TECHNIK

Um die negativen seelischen Einflüsse zu löschen, die das *Thetan*-Sein verhindern, hat Hubbard die sogenannte *Auditing-Therapie* entwickelt. Auf diese Weise wird der Auditierte eines Tages ein ›Clear‹, ein Mensch, dessen psychosomatische Krankheiten und Aberrationen verschwunden sind und nie wiederkommen. Wer ›clear‹ (frei, befreit) ist, »hat all seine ursprünglichen Fähigkeiten und Phantasien zur freien Verfügung.«[37] Er wird gegen echte Krankheiten widerstandsfähiger, hebt seinen moralischen Standard, stärkt seine Persönlichkeit, wird dynamisch und erlebnisfähig, konstruktiv und schöpferisch. Hubbard glaubt, daß ein ›Clear‹ sogar länger leben kann. Viele andere phantastische Dinge sollen durch das Auditing erreicht werden können, bis hin zu der Fähigkeit, beim Schachspiel einen Zug in 10 oder 15 Sekunden zu »berechnen«, zu dem ein normaler Spieler eine halbe Stunde brauchen würde. So ist es nicht erstaunlich, daß Hubbard zu folgendem Vergleich kommt: »Man könnte sagen, daß sich ein Clear zu einem Durchschnittsmenschen so verhält, wie ein Durchschnittsmensch zu einem Geisteskranken.«[38]
Das Auditing ist eine Art Frage- und Antwortspiel zwischen dem ›Patienten‹ (Pre-Clear) und dem ›Therapeuten‹ (Auditor), das von zwei Akzenten bestimmt wird. Der Auditor muß fähig sein, »eine genaue Frage wortwörtlich dem Pre-Clear immer wieder erneut stellen zu können, gleichgültig wie oft der Pre-Clear eine

37. Hubbard, »Dianetics – die moderne Wissenschaft ...«, S. 205.
38. Ebd., S. 206.

Antwort auf die Frage gibt« ... und »den Pre-Clear jedesmal, wenn er eine Antwort gegeben hat oder einer Anweisung nachgekommen ist, mit ›gut‹ oder ›danke‹ zu bestätigen«.[39]

Anfang der 50er Jahre entwickelte Hubbard für seine Therapie-Methode ein technisches Hilfsgerät, das sogenannte ›Hubbard Elektro-Meter‹, abgekürzt ›E-Meter‹. Es handelt sich dabei um ein Gerät, das die »Realität einer Person« messen soll, »das, was der Person als wahr und wirklich erscheint«.[40] Der Pre-Clear faßt beim Auditing zwei Konservendosen an, die durch Kabel mit einer Skala verbunden sind. Im Aussehen ähnelt es einem Lügendetektor und arbeitet auch nach dem gleichen technischen Prinzip.
Beim Auditing versucht der Auditor nun, an die Engramme des Pre-Clear heranzukommen, indem er zunächst die allgemeinen Daten der ›Standard Gedächtnis Bank‹, wie Alter, Herkunft, Familie, Schule, Beruf usw. immer wieder abfragt, um dann allmählich auf der ›Zeitspur‹ zurückzugehen, die alle positiven und negativen Eindrücke des bisherigen Lebens verzeichnet hat. Trifft der Auditor bei seinem Fragespiel auf ein Engramm, dann muß der Pre-Clear dieses unangenehme Erlebnis immer noch einmal in allen Einzelheiten schildern, wobei er sich die Gefühlsregungen und Stimmungen von damals vergegenwärtigen soll. Auf diese Weise sollen Engramme reduziert oder sogar gelöscht werden können.
Während des Vorgangs, besonders bei den einzelnen Antworten des Pre-Clear, bewegt sich die Nadel auf der Skala des E-Meters, womit dem Auditor »jede seelische Veränderung oder jeder Umschwung in der Aufmerksamkeit« des Auditierten angezeigt wird. »So ist er nicht nur auf die äußerlichen Anzeichen wie Lächeln, Stirnrunzeln, nervöses Umherschauen usw. angewiesen, sondern er kann alle Gefühlsregungen an dem E-Meter ablesen.»[41]

39. Zitiert in VELKD-Information »Was ist Scientology?«, S. 8.
40. Ebd., S. 9. 41. »Ursprung«, Nr. 68, April 78, S. 8.

Als Ziel schwebt dem Scientology-Gründer Hubbard vor, unseren Planeten Erde mit all seinen Bewohnern ›clear‹ zu machen, »eine Welt ohne Geisteskrankheiten, Verbrechen oder Krieg«.[42] Er träumt davon, daß eines Tages die Ursachen menschlicher Unzulänglichkeiten und Verirrungen ausgeschaltet und paradiesische Zustände hergestellt werden könnten. Ist schon diese Clear-Ideologie an sich recht utopisch, so muß der angepriesene Weg zur Befreiung des Menschen, Laien-Therapie plus E-Meter, vollends ins Reich der Phantasie verwiesen werden.
Neben dem phantastischen hat das ganze aber auch einen sehr gefährlichen Akzent. Menschen werden nämlich dazu gebracht, bei dieser ›Therapie‹ ihr Unterbewußtsein und ihre seelischen Probleme in die Hände von Leuten zu legen, die weder medizinisch, noch psychologisch oder psychotherapeutisch qualifiziert sind. Der Hinweis der Scientologen, daß es sich bei den Auditoren um »voll ausgebildete Scientology-Geistliche« handelt, ist in diesem Zusammenhang ohne Bedeutung.
So ist es nur sehr verständlich, daß sich verschiedene Länder um die Machenschaften der Psycho-Gruppe gekümmert haben. Im australischen Bundesstaat Victoria z. B. wurde 1963 ein Untersuchungsausschuß eingesetzt, der nach der Anhörung von 151 Zeugen 1965 einen 202 Seiten starken Report vorlegte, in dem festgestellt wurde:

»Die Scientology ist gefährlich; ihre Methoden sind schädlich; ihre praktische Anwendung stellt eine ernsthafte Bedrohung für die Gesellschaft dar und zwar in medizinischer, moralischer und sozialer Hinsicht. Ihre Anhänger sind irregeführte Wesen, die nicht selten geisteskrank sind. Ihr Gründer ist L. Ron Hubbard … an dessen geistiger Gesundheit erhebliche Zweifel bestehen … Die Hubbard-Einrichtung nimmt für sich in Anspruch, ›der Welt größte Organisation für geistig-seelische Gesundheit‹ zu sein. In Wahrheit ist sie jedoch der Welt größte Organisation unqualifizierter Menschen, die sich mit der Ausübung gefährlicher Metho-

42. »Glaube und religiöses Brauchtum ...«, S. 14.

den befassen, die als geistig-seelische Therapie ausgegeben werden.«[43]

Auch im Hinblick auf das E-Meter sind starke Bedenken laut geworden. Im November 1976 erstellt das *Psychologische Institut der Universität Tübingen* ein *Gutachten* über »Aufbau und Anwendungstechnik« des umstrittenen Geräts. Ergebnis: a) das E-Meter entspricht in der Technologie bei weitem nicht den heute üblichen wissenschaftlichen Geräten zur Messung von Hautwiderständen; b) die Art der Widerstandsmessung mit dem E-Meter entspricht nicht den heutigen wissenschaftlichen Kriterien; c) das E-Meter entspricht nicht den elektrischen Sicherheitsbestimmungen ... bei Anwendung des Geräts mit angeschlossenem Ladekabel kann für den Probanden Lebensgefahr bestehen. Mit einem Wort: es handelt sich um eine gefährliche, technisch mangelhafte und wirkungslose Apparatur.
Das Gutachten gibt auch zu bedenken, daß durch das dianetische Frage- und Antwortspiel, besonders durch geschickte Frageformulierungen, der Pre-Clear zur Preisgabe von Informationen gebracht werden kann, die er dem Auditor eigentlich nicht geben wollte. Ergebnis des Gutachtens:

»Nur in den Händen eines entsprechend ausgebildeten Psychologen, Arztes oder Naturwissenschaftlers mit abgeschlossener Hochschulausbildung ist eine sinnvolle Anwendung von Hautwiderstandsgeräten zu diagnostischen Zwecken zu erwarten. Ein therapeutischer Effekt dieses Gerätes zur Messung des Hautwiderstandes ist wissenschaftlich nicht nachgewiesen.«[44]

Kritische Beobachter vermuten deshalb auch, daß dieses E-Meter eher aus finanziellen Gründen eingeführt wurde, d. h. um neue Geldquellen zu erschließen. Das wäre verständlich, da je-

43. Zitiert in ABI-Info 59 v. 20. Dez. 76.
44. Gutachten der Universität Tübingen v. 3. Nov. 76.

der Auditor dieses Gerät, geschätzter Herstellungspreis 60,– DM, für 700,– DM erwerben muß.

Wer durch Dianetics den Status eines Clear erreicht und sich als Scientology-Mitglied gut geführt hat, kann sich zu den sehr teueren *›Operating-Thetan›* (OT)-Kursen anmelden, um auf höhere Bewußtseinsebenen zu gelangen, »zu den Sternen und darüber hinaus«.[45] Die acht OT-Grade entsprechen den acht Dynamiken (S. 49). Bisher soll aber nur Hubbard den Grad eines OT VIII erreicht haben; er ist somit der Thetan, der das »höchste Sein« bestimmt und seinen Zyklus von Tod und Wiedergeburt (Reinkarnation) durchbrochen hat.
Andere Thetan-Fähigkeiten muß Hubbard aber schon früher gehabt haben. Jedenfalls berichtet er in einem Rundschreiben vom 11. Mai 1963, daß er zweimal im Himmel gewesen sei, und zwar zum ersten Mal »43.891.832.611.177 Jahre, 344 Tage, 10 Stunden, 20 Minuten und 40 Sekunden vor 22.02.30 Uhr hellichter mittlerer Sonnenzeit, den 9. Mai 1963.«[46] Bei seinem zweiten Besuch fand er den Himmel im Zerfallstadium vor.

KURZKOMMENTAR

Selbst im engsten Familienkreis stieß Hubbard mit seinen Ideen auf Unverständnis. Seine zweite Ehefrau Sarah Northrup begründete ihre Scheidungsklage damit, daß er hoffnungslos geisteskrank sei. Mediziner sollen, einem Bericht des ›Washington Times Herald‹ vom 24. April 51 zufolge, empfohlen haben, Hubbard zwecks Beobachtung und Behandlung eines als ›paranoide Schizophrenie‹ bekannten Geistesleidens in ein Privatsanatorium einzuliefern. Von hier aus werden auch Hubbards Wut über Psychiater und die bisherigen Scientology-Kampagnen gegen die Psychiatrie verständlich.

45. »Ursprung« Nr. 20, 1972, S. 9.
46. Chr. Evans: Kulte des Irrationalen, 1976, S. 32.

Gutgläubige und Uninformierte sollten sich durch die scientologische Propaganda, Menschen ›clearen‹ und damit zu »totaler Freiheit« führen zu wollen, nicht täuschen lassen. Viele, die sich als Mitglieder in die Hubbardsche Organisation begeben haben, erlebten sehr bald ein totalitäres System, das seine Anhänger brutal diszipliniert und reglementiert; Begründung: »Da Scientology jetzt totale Freiheit bringt, muß sie auch die Macht haben, totale Disziplin zu fordern, oder sie wird nicht überleben.«[47]
Um besonders Funktionäre und andere Hauptamtliche im Griff zu behalten, wurde ein ausgeklügeltes Straf- und Belohnungsschema mit der Bezeichnung ›Zustände‹ in Kraft gesetzt. Seit November 71 haben sogenannte ›Ethik-Beamte‹ für die totale Überwachung folgende ›Zustände‹ zur Verfügung, die sie entsprechend dem negativen oder positiven Verhalten der von ihnen kontrollierten Scientologen verhängen können: ›Macht‹, ›Überfluß‹, ›Normale Tätigkeit‹, ›Notstand‹, ›Gefahr‹, ›Nicht-Existenz‹, ›Verpflichtung‹, ›Zweifel‹, ›Feind‹ und ›Verrat‹.
Bei den Belohnungs-›Zuständen‹ wird Bezahlung verbunden mit einem ganzen oder halben Bonus zugesagt. Dazu kommen Vergünstigungen für bestimmte Kurse. Die Straf-›Zustände‹ beinhalten abgestufte Formen von »Wiedergutmachungsarbeiten« zwischen 2 ½ und 15 Stunden sowie das Tragen »einfacher Arbeitsuniform oder Kleidung«.[48] Je nach der Schwere der Verfehlungen werden die Namen der Betroffenen an einem Schwarzen Brett mit verschiedenfarbigen Fähnchen und Streifen kenntlich gemacht. Bei ›Verpflichtung‹ und ›Zweifel‹ müssen die Bestraften sogar Armbinden in der jeweiligen Farbe tragen. Gleichzeitig wird ihnen Urlaub oder Freizeit gestrichen; sie dürfen nur noch »minimale Essenspausen« einlegen und keine Gruppenveranstaltungen besuchen. ›Feind‹ ist die Vorstufe zum Rausschmiß, der bei ›Verrat‹ vollzogen wird.

Scientology ist eine Weltanschauung auf der Grundlage der

47. HCO Policy Letter v. 5. Jan. 68.
48. HCO Policy Letter v. 16. Nov. 71.

›Clear‹-Ideologie. Es wird die Erlösung der Welt und des Menschen mit Hilfe einer zweifelhaften Psycho-Technik propagiert, wobei die Gefahr besteht, daß es dabei »zur Destruktion der Persönlichkeit oder zur Entwicklung moralisch enthemmter Menschen« kommen kann.
Scientology ist wohl aus L. Ron Hubbards Wunsch hervorgegangen, seine Science-Fiction-Ideen irgendwie mit Leben zu erfüllen und Wirklichkeit werden zu lassen. Aus diesem Grunde schuf er sich das Instrument eines totalitären Herrschaftssystems, das sich nach außen im Gewande einer »neuen Religion« zeigt.
Schädlich sind weniger die Phantastereien des L. Ron Hubbard; unsere Welt wird das sicher verkraften können. Es geht vielmehr um die brutalen, oft auch, wie aus den USA berichtet, kriminellen Aktionen, die von der Scientology-Organisation unter dem Deckmantel der Religionsfreiheit inszeniert werden. Dazu kommt die geistige Versklavung der Hubbard-Anhänger. Der ehemalige Scientologe Robert Kaufman drückte das so aus:

»Seltsam, daß der Drang zur Freiheit dazu beitragen kann, einen Menschen zu versklaven. Die Anhänger der Scientology hatten aus freiem Willen die neue Form der Sklaverei auf sich genommen, weil sie glaubten, dadurch würden sie die Freiheit gewinnen. Gegen Freiheit und Unsterblichkeit ist nichts zu sagen, solange sie nicht als Fluchtweg für die Beladenen gebraucht und für Geld verkauft werden, und solange man von solchen Idealen nicht so mit Beschlag belegt wird, daß man vergißt, in der realen Welt als ein anständiges menschliches Wesen zu leben.«[49]

49. Kaufman, »Übermenschen unter uns«, S. 250.

»Meditieren macht glücklich«: Werben für Guru Maharaj Ji, der das »Heilige Wissen der Seele« schenkt

3. Divine Light Mission: Ich bin eine Friedensbombe

BILDER AUS DER SZENE

An einem Sommerabend 1974 in einer kleinen Stadt im Taunus; Deutsche Zentrale der Divine Light Mission (DLM); 19.30 Uhr. Gäste und Hausbewohner ziehen an der Türschwelle des Ashram ihre Schuhe aus, so als würden sie geheiligten Boden betreten. Auf Socken gelangen sie in den größten Raum der Villa, in dem gerade Satsang geboten wird: Mädchen und junge Männer sitzen dicht gedrängt auf dem Fußboden und lauschen den Ausführungen, die ein indischer Mahatma (geistlicher Lehrer) in quäkendem Englisch darbietet. Nicht zu übersehen ist ein weißer blumengeschmückter Sessel, auf dem das gerahmte Bildnis eines dicken indischen Jünglings steht.

Der Mahatma spricht ausdauernd in immer neuen Bildern und Redewendungen von der ›Wahrheit‹, die angeblich jeder in sich trägt, ohne es zu wissen. Aber jetzt sei jemand gekommen, so

sagt er, der den Menschen helfen wolle, diese Wahrheit in sich selbst zu finden. Der hilfreiche Jemand von dem hier die Rede ist, hört auf den klangvollen Titel ›Balyogeshwar Paramhans Satgurudev Shri Sant Ji Maharaj‹, übersetzt etwa: »Geborener Herr aller Yogis, höchste Seele, wahrer göttlicher Vertreiber der Dunkelheit, erhabener Heiliger, großer König.«
Seine Anhänger nennen den jungen Mann, in dessen Personalausweis der Name Prem Pal Singh Rawat steht, schlicht *Guru Maharaj Ji* und sind fest davon überzeugt, daß er der einzige ist, der unserer heillos gewordenen Welt Heil und Frieden bringen kann. Nach der Lektüre eines Informationsheftes weiß man mehr: Guru Maharaj Ji ist der Vollender dessen, was Buddha und Jesus Christus einst angefangen haben; er ist heute der »Perfekte Meister, der Herr des Universums«.
Seit 1971 unternimmt Maharaj Ji Von Zeit zu Zeit im eigenen Flugzeug sogenannte »Friedensreisen« (Missionsreisen) durch die Welt und versucht damit, neue Anhänger zu gewinnen und seine Premies zu stabilisieren. Eine wichtige Rolle spielen in diesem Zusammenhang die sogenannten Guru-Pujas, Festivals, bei denen sich seine Anhänger regional versammeln, um Satsang zu bekommen und dem »Perfekten Meister« zu huldigen. Am letzten Tag dieser meist 3tägigen Veranstaltungen ziehen alle *Premies* (= Liebende, so nennen sich die Gläubigen) in einer langen Prozession an ihrem, auf einem Thron sitzenden Kult-Gott vorüber und berühren seine Füße.

Vom 29. – 31. August 1975 fand die »Guru-Puja« in der Essener Gruga-Halle statt. Etwa 8000 Premies waren aus fast allen westeuropäischen Ländern angereist. Allein aus England waren über 1000 Anhänger in 22 für 90000,– DM gemieteten Bussen gekommen, um dem Oberhaupt der »Mission des göttlichen Lichts« zu huldigen. Auch der Autor hatte Gelegenheit, an dem 3tägigen Programm aus Meditation, Musik und Satsang teilzunehmen.
Am ersten Abend ließ der damals 17jährige Guru seine Premies über 4 Stunden warten, bis er erschien und auf einem erhöhten mit Seidenkissen ausgestatteten Thron auf der angestrahlten

Bühne Platz nahm. Nachdem die 8000 Anwesenden ihn mit einem mehrfachen skandierten »Bholay Shri Satgurudev Maharaj Ki Jai« (aller Ruhm dem vollkommenen Meister) begrüßt hatten, begann er seinen Satsang. Schon 45 Minuten später verließ er die Gruga-Halle wieder, um mit seinem Mercedes 600 in schneller Fahrt zu seinem nur für ihn und seinen Stab reservierten Mülheimer Hotel zurückzufahren.
Höhepunkt war wie immer der Darjan, das kultische Ritual der körperlichen Berührung. Auf ausdrücklichen Wunsch Maharaj Jis sollten ihm dieses Mal als Geschenke keine Gegenstände oder Blumen, sondern nur Bargeld übergeben werden (»damit der Guru sich etwas kaufen kann, was ihm gefällt«). Zu diesem Zweck waren am Abend vorher Briefumschläge verteilt worden. Das Geld füllte nach Aussagen eines Kriminalbeamten, der den Verdacht der Steuerhinterziehung äußerte, einige Waschkörbe. Aber auch die Verkaufsorganisation der Sekte, die ›Divine Sales‹, kam bei diesem Festival voll auf ihre Kosten. Guru-Souvenirs jeglicher Art, T-Shirts mit dem Aufdruck ›Knowledge‹, Bilder und Poster des kleinen dicken Inders sowie Gläser und Gürtel mit seinen Aussprüchen fanden reißenden Absatz. Schon am ersten Tag wurden Artikel im Wert von über 40000,– DM umgesetzt.
Geld und Luxusgüter scheinen von Anfang an ein wesentlicher Lebensinhalt des inzwischen volljährigen Guru gewesen zu sein. Peinlich dabei ist nur der Kontrast zwischen seinem eigenen Lebensstil und der Aufforderung an seine Anhänger, einfach und bescheiden zu leben, denn Einfachheit sei die »Schönheit des Lebens«. Für einen Premie sollten die »wahren Vergnügungen, die viel Freude und Glück«[50] bereiten, in Satsang, Meditation und Dienst für den Guru liegen.
Der ehemalige Finanzmanager der »Mission des göttlichen Lichts«, Michael Garson, beklagte sich in einem Zeitungsinterview über die Maßlosigkeit des Guru. Mehr als die Hälfte der monatlichen Einnahmen mußten jahrelang dafür aufgewendet werden, dem Guru und seiner Clique ein Leben in Luxus zu ermögli-

50. Zitiert bei M. Mildenberger: Heil aus Asien?, Stuttgart 1974, S. 45.

chen. »Wenn der Guru etwas haben will«, so Garson, »dann bekommt er es. Die jüngste Anschaffung war ein Haus im Wert von 400000 Dollar auf einem Berg am Pazifik in Malibu bei Los Angeles. Er besitzt einen Rolls Royce, einen Masarati, einen Mercedes und einen Jensen.«[51] Anfang 1979 wurde die Guru-Residenz von Malibu nach Miami verlegt.

Im Herbst 1972 versuchte der Guru Schmuck und Devisen im Werte von 115000,– DM, die er seinen Anhängern abgenommen hatte, nach Indien zu schmuggeln und wurde erwischt. Vor seiner Wiederausreise mußte er 33000,– DM Kaution hinterlegen. Im November 1973 wurde die Schmuggelware von den indischen Zollbehörden beschlagnahmt, die Kaution verfiel.

GRÜNDER UND IDEOLOGIE

Geboren wurde der Guru am 10. Dezember 1957 in Hardwar, am Fuße des Himalaya. Sein Vater Param Sant Satgurudev Sri Hans Ji Maharaj hatte 1960 die Sekte ›Mission des göttlichen Lichts‹ (Divya Sangesh Parishad) gegründet und wurde von tausenden von Anhängern in Indien als Satguru verehrt: Er war für sie der einzige lebende »Perfekte Meister«, der das alte »Wissen« um das ›Innere selbst‹ des Menschen enthüllen konnte. Er zog von Dorf zu Dorf mit dem Anspruch, die Herzen der Suchenden erleuchten zu können mit der »Erfahrung des göttlichen Lichts« und dem »Heiligen Namen Gottes«.

Im Alter von 2 Jahren soll Guru Maharaj Ji seine Familie in Erstaunen versetzt haben, weil er in einfacher Weise, aber sehr direkt über die Wichtigkeit sprach, »Gott zu verwirklichen«. Bald darauf nahm er mit seiner Mutter Mata Ji und seinen drei älteren Brüdern Shri Bal Bhagwan Ji, Shri Bole Ji, Shri Raja Ji an öffentlichen Veranstaltungen seines Vaters teil, bei denen dieser zu seinen Anhängern sprach. Der kleine Maharaj Ji soll bei diesen Gelegenheiten, so berichtet die Legende weiter, selbst das Mikrofon

51. Bild am Sonntag, 8. Juni 1975.

in die Hand genommen und auf Hindi heilige Belehrungen (Satsang) gegeben haben.
Mit 6 Jahren habe er dann von seinem Vater das »geheime Wissen« (*Knowledge*) bekommen. Aber erst einen Monat später, nach längerem Meditieren, hätte er begriffen, worum es dabei eigentlich gegangen war.
Als er bald darauf seine erste 30minütige Ansprache in Englisch hielt, sei das mit solcher Kraft und Autorität geschehen, daß er die Zuhörerschaft zu Tränen rührte. Der Vater glaubte nun, daß sein jüngster Sohn voller Weisheit und Erleuchtung sei und »eines Tages über die ganze Welt so hell leuchten würde wie die Sonne am Himmel«.[52]
Am 19. Juni 1966 starb der Vater. Guru Maharaj Ji hatte angeblich nicht dessen Nachfolger werden wollen, nahm aber die Huldigungen der Familie schließlich an. Sie setzten ihm »die Krone Ramas und Krishnas« auf und dann hörte er eine innere Stimme: » ... Du bist Er. Du mußt der Welt dieses Wissen bringen!« Dreizehn Tage nach der Verbrennung der Leiche seines Vaters, als Guru Maharaj Ji Asche und Knochen einsammeln und den Überresten die letzte Ehre erweisen wollte, war die Stimme wieder da:

»Du bist Er. Du bist derjenige, der hinausgehen und Es der Welt bringen muß!« Während der Bestattungsfeierlichkeiten am 1. August kam die Stimme noch einmal: »Dies ist das letzte, was ich Dir sagen will. Du bist Er. Du mußt das Wissen der Welt bringen!«[53]

Als unter den Tausenden, die sich zu den Feierlichkeiten eingefunden hatten, ein großes Wehklagen begann, soll der damals Achtjährige die Anwesenden nur leicht lächelnd beobachtet und dann das Wort an sie gerichtet haben:

»Kinder Gottes, warum weint Ihr? Habt Ihr nicht gelernt, was

52. »Who is Guru Maharaj Ji?«, S. 11.
53. Ebd., S. 12f.

Euer Meister Euch gelehrt hat? Wißt Ihr nicht, daß der vollkommene Meister niemals stirbt? Der Meister ist nicht ein Körper, sondern eine Kraft, die immer in der Welt bleibt. Diese Kraft ist jetzt in einem neuen Körper. Maharaj Ji ist hier und jetzt unter Euch. Erkennt ihn, folgt ihm und verehrt ihn! Ihr werdet sehen, daß diese Botschaft nicht nur in Indien, sondern in der ganzen Welt verbreitet wird.«[54]

Daraufhin, so erzählt die Legende, hätten sich seine Mutter, die drei Brüder und alle anwesenden Mahatmas ihm augenblicklich zu Füßen geworfen und den Segen des neuen »Perfekten Meisters« empfangen. Einige Monate später wandte er sich in seiner ersten Rede als Satguru am Hunderttausende, die in Neu-Delhi versammelt waren:

»Ich bin nicht gekommen, um eine neue Religion zu gründen. Ich bin gekommen, um die Wahrheit zu enthüllen, deren Kenntnis Euch freimachen wird. Wenn Ihr zu mir kommt mit einem arglosen Herzen und aufrichtigem Wunsch, dann werde ich Euch ewigen Frieden geben.«[55]

1970 habe der Guru während einer Gedenkveranstaltung für seinen Vater vor über »1 Million« Anhängern versprochen, während seiner Lebzeit das »Geheime Wissen« in der ganzen Welt zu verbreiten. Bei der Ansprache meinte er u. a.:

»... Jedes Ohr soll hören, daß der Retter der Menschheit gekommen ist. Es darf für keinen eine Chance geben zu behaupten, er habe nie etwas von Guru Maharaj Ji gehört. Diejenigen, die zu mir kommen, sind schon gerettet ... Gebt mir Eure Liebe und ich will Euch Frieden geben. Kommt zu mir, ich werde Eure Leiden erleichtern. Ich bin die Quelle des Friedens in dieser Welt ... Ich erkläre, daß ich Frieden in dieser Welt stiften werde ... »[56]

54. Ebd., S. 13. 55. Ebd., S. 13. 56. Ebd., S. 13f.

Noch im gleichen Jahr hielt er den Zeitpunkt für gekommen, sein »Wissen« und seine »Botschaft« auch im Westen bekanntzumachen. Damit begann der Aufstieg einer unbekannten Hindu-Sekte zum weltweiten, dollarschweren Geschäftsunternehmen und die Wandlung des Guru vom Sektenführer zum verehrten Kult-Gott.

Was hat der »Perfekte Meister« anzubieten? Worum handelt es sich bei dem »geheimen Wissen«, dem sogenannten »Knowledge«?

»Knowledge« sei keine Religion, so wird erklärt, sondern die direkte Erfahrung »Gottes«, oder anders ausgedrückt, der »ewigen Energie«. Sie sei der Urgrund des Universums und des Menschen, aber man könne sie auch im Menschen selbst finden. Die Menschen hätten sich bisher mit ihren Sinnen fast nur nach außen gewandt, sie hätten äußerlich sehen können, keiner aber habe ihnen gezeigt, wie man richtig »sieht«. Sie hätten hören können, aber keiner habe gesagt, worauf man »hören« solle. Die Menschen hätten geglaubt, durch das tägliche Essen ausreichend ernährt zu werden, sie würden aber den »inneren« Geschmack überhaupt nicht kennen. Manche nähmen das Atmen als selbstverständlich hin, hätten aber keine Ahnung von der Kraft und den Vibrationen, die ihn in Gang halten. Wer nun den Weg in sich hinein beschreite, der würde wirklich etwas »sehen«, »hören«, »schmecken« und »fühlen«: er könne »göttliches Licht« sehen, »himmlische Musik« hören, »göttlichen Nektar« auf der Zunge schmecken und die »Vibration des Wortes« spüren, von dem gesagt wird, es sei schon von Anfang an da gewesen und würde nie aufhören zu sein. Das innere Licht in einem Menschen sei heller als tausend Sonnen, meint der Guru, und vertreibe nicht nur die Dunkelheit wie die äußere Sonne, sondern auch die Unwissenheit. Die himmlische Musik sei schöner als die Klänge der Sitar (indisches Saiteninstrument), und es sei Gott selbst, der diese Musik spiele. Der Geschmack des Nektar auf der Zunge sei ganz real, man spüre sogar ein Fließen in der Kehle. Manche geübte Jogis sollen sich davon zeitweilig ernähren können, wie es auch Jesus während seiner 40tägigen Fastenzeit in der

…e getan habe. Das »Wort« sei keines der Worte, wie wir sie …utzen, es sei vielmehr die ursprüngliche Energie, von der alle …eligionen gesprochen hätten; im eigentlichen Sinne sei es »Gott«. Das »geheime Wissen« (Knowledge) zu enthüllen und dem Menschen den Weg zum Licht, zur Musik und zum Nektar zu zeigen, das könne nur einer in dieser Welt: Guru Maharaj Ji.

Im Mai 1974 stürzte der Guru seine Meditationsbewegung durch eine Überraschungsaktion in eine schwere Krise. Während einer Missions-Reise mit dem Jumbo-Jet durch die USA 1973 hatte sich der damals 15jährige in die 24jährige Stewardess Marolyn Lois Johnsen verliebt. Er befahl seinem Manager Robert Mishler, sie auf irgendeine Weise nach Denver/Colorado in seine amerikanische Zentrale zu holen. Tatsächlich kam die am 25. Oktober 1949 in San Diego geborene Marolyn Johnsen bald darauf nach Denver, wurde Maharaj Jis Sekretärin und begleitete ihn fortan auf allen Reisen. Am 20. Mai 1974 heiratete er die blonde Kalifornierin und gab ihr den indischen Namen Durga Ji. Seine Anhänger schenkten ihm zur Hochzeit eine Yacht und einen versilberten Sportwagen, den der »Perfekte Meister« aber wegen seines jugendlichen Alters noch nicht fahren durfte. Der Jugendrichter in Denver, der die Sondergenehmigung zur Heirat gegeben hatte, begründete seine Entscheidung damit, daß der 16jährige schon »sehr erwachsen« sei und »ein gutes Einkommen«[57] beziehe.
Dem playboyhaften Lebenswandel des Guru wollte seine Mutter Rajeshwari Devi eines Tages wohl nicht länger zusehen. Außerdem hatte ihren eigenen Platz als »heilige Mutter« inzwischen Durga Ji eingenommen. Anfang April 1975 erklärte sie deshalb Maharaj Ji als Oberhaupt der DLM für abgesetzt. Er sei von seinem geistlichen Wege abgekommen, so daß ihm die Millionen Anhänger in Indien keinen Gehorsam mehr schuldeten. Zum neuen Führer der Bewegung ernannte sie ihren ältesten Sohn Bal Bhagwan Ji.
Als sich Guru Maharaj Ji daraufhin mit Frau und Tochter nach In-

57. Süddeutsche Zeitung v. 24. Mai 74.

dien begab, um die Entscheidung der Mutter rückgängig zu machen oder sie und seine Brüder zu verjagen, schien eine Kraftprobe in der Luft zu liegen. Beide Parteien hatten in verschiedenen Orten Vorbereitungen getroffen, um während des Hindu-Festes der Frühlingsernte Massenkundgebungen abzuhalten. Die Polizei hinderte Maharaj Ji jedoch daran, in der nordindischen Stadt Lakhnau zu seinen Anhängern zu sprechen. Sie umstellte das Lager, in dem sich tausende von Indern versammelt hatten und ließ die Zeltstadt abbrechen. Auf einer Pressekonferenz sagte der Guru zu den Anschuldigungen seiner Mutter: »Diese Beschuldigungen ändern nichts an mir, sie werden nur zu einer weiteren Vervollkommnung des vollkommenen Meisters führen.«[58]
Als Maharaj Ji auch vor einem indischen Gericht gegen seine Mutter nichts ausrichten konnte, kehrte er in die USA zurück. Damit war die »Mission des göttlichen Lichts« in einen indischen und einen westlichen Zweig gespalten.
Für viele seiner Anhänger war das Idol des »Perfekten Meisters« angekratzt oder unglaubwürdig geworden und sie verließen die Gemeinschaft. So wurde es im Sommer 1976 nach außen hin sehr still um die DLM. Die Öffentlichkeitsarbeit war eingestellt und die Ortsgruppen (Ashrams) aufgelöst worden, auch der deutsche Zentral-Ashram in Bad Homburg. Die Zahl der deutschen Premies ging von 2000 auf etwa 500 zurück. Mit der Jahreswende 1977/78 begann sich die DLM jedoch, auch unter der neuen Bezeichnung DUO (Divine United Organisation) erneut zu regen. Immer mehr Eltern stellten seither fest, daß sich ihre Kinder Guru Maharaj Ji zuwandten, wobei die Anwerbung nicht auf der Straße, sondern vorwiegend über persönliche Kontakte geschehen war.
Es scheint dem Guru gelungen zu sein, den Auflösungsprozeß der letzten Jahre zu stoppen und den verbliebenen Anhängerstamm zu stabilisieren und fester an sich zu binden. Dieses wurde während der Guru-Puja vom 29. September – 1. Oktober 1978 in der Dortmunder Westfalenhalle deutlich.

58. Neue Westfälische (Bielefeld) v. 14. April 75.

…en die Missionare der DLM zu Beginn der Siebziger Jahre …hren Werbekampagnen noch auf das Reservoir der Hippies, …mmler, frustrierten Revoluzzer, Drogensüchtigen und linken Randgruppen rechnen, so hat sich das Erscheinungsbild des Guru-Publikums etwas gewandelt. Aus den Jugendlichen von damals sind mittlerweile junge Erwachsene zwischen 25 und 35 Jahren geworden. Viele Teilnehmer am Dortmunder Guru-Festival machten, nach Aussagen eines Beobachters, »einen durchaus etablierten Eindruck«. Junge Familien mit Kindern waren zu sehen, aber auch ältere Menschen, wohl die Eltern von Premies. Im großen und ganzen herrschte ein »bürgerlich-akademisches Milieu«[59] vor. Bei allen Wandlungen scheint ein Element jedoch unverändert geblieben zu sein: Die Verehrung des Guru als Gottheit, die Vergötzung seiner Person in Hingabe und Anbetung. Das Transrationale dieser unterwürfigen Haltung kommt wohl am ehesten in einer Äußerung von Claudia Littmann, der Tochter des ehemaligen Frankfurter Polizeipräsidenten zum Ausdruck, die sich von einer Apo-Demonstrantin zur Anhängerin des Guru bekehrte und später dessen Bruder Raja Ji heiratete: »Für Außenstehende mag er nur ein fetter Inder sein. Für uns Wissende aber ist sein rundes, güldenes Gesicht die Sonne, die das ganze Universum erhellt. Eine Sekunde in seiner Nähe ist mehr als 1 Million Jahre Meditation. Und nichts ist köstlicher, als das Wasser zu trinken, das seine Lotus-Füße berührt haben.«[60]
Das ist keine Einzelstimme. Man kann schon eine Art Massensuggestion oder gar Massenhysterie vermuten, wenn 11000 junge Leute in einer Halle verzückt singen:

»Jai Gurudeva Maharaj Ji
Dein Ruhm erfüllt die ganze Welt
Du bist der Schutz der Schwachen dieser Welt
Du machst unseren Bindungen ein Ende
Du bringst unserem Geist wahre Freiheit
Hilf uns aus dem Meer der Illusionen
Jai Dev, Jai Satgurudev ...

59. Materialdienst der EZW 11/78, S. 307. 60. Stern 3/79, S. 66.

Singen, Fasten, Barmherzigkeit, Enthaltsamkeit
zeigen Euch Eure Seele nicht ...
Ohne die Gnade von Satguru
Ohne das Wissen von Satguru
kommen wir nie an unser Ziel ...
Mein Durst nach Wahrheit wird nun gestillt
Jetzt geh ich auf dem wahren Weg ...
Wenn er spricht, muß Dunkelheit entfliehen
Zweifel fliehen, das Leben neu beginnt ...
Bibel, Koran, Ramayana und Gita
Singen Deines Namens Ruhm
Alle Schriften singen Deines Namens Ruhm
Engel singen und rühmen Dich
Himmlische Heerscharen preisen Dich
und finden kein Ende Deinem Ruhm
Jai Dev, Jai Satgurudev.«[61]

61. »Lieder der Hingabe«, S. 11f.

Der Guru: Maharaj Ji – Ich bin eine Friedensbombe

die praktische Weitergabe des ›Knowledge‹ hat der Guru einige *Mahatmas* auserwählt, die das »Wissen« in besondere Zeremonien an die Premies vermitteln. Die Interessenten müssen oft längere Wartezeiten in Kauf nehmen, manche werden immer wieder fortgeschickt, bis der Mahatma sie für reif hält, an der Zeremonie teilzunehmen. Das ausgedehnte Warten und die ständigen Vorträge steigern natürlich die Erwartungshaltung und das Gefühl des Auserwähltseins, wenn man endlich dabei sein darf.
Ein ehemaliger Guru-Anhänger beschrieb den Vorgang des »Knowledge«-Empfangs so:

»Der Mahatma begann über das Licht zu sprechen. Er sagte: ›Das Licht wird Euch reinigen, wenn Ihr darüber meditiert; Ihr werdet das Licht aber nicht sehen, wenn Euer Verstand aktiv ist.‹ Dann gab er die Anweisung, wir sollten uns auf die Vertiefung zwischen den Augenbrauen, genau über der Nase konzentrieren. Wir legten den Zeigefinger in die Vertiefung. Wir sollten die Augen nicht nach oben drehen. Dann sagte er, er würde uns ›Knowledge‹ geben. Er würde uns an der Stirn berühren und wir würden das Licht sehen. Er schaltete die einzige Lampe im Raum aus und ging im Dunkeln hin und her. Ich saß mit geschlossenen Augen da und wartete. Plötzlich huschte er heran, und ich spürte seine Finger an meiner Stirn. Gleich darauf fühlte ich seine Finger auf meinen Augen und augenblicklich blitzte etwas auf. Ich sah eine ›Acht‹ aus grellem weißem Licht. Dann nahm der Mahatma meine rechte Hand und legte meinen Zeigefinger an meine Stirn, Daumen und Mittelfinger auf meine Augen; meine linke Hand stützte meinen rechten Ellenbogen; in dieser Position ließ er mich zurück. Nachdem er es bei allen so gemacht hatte, sagte er, wir sollten eine Stunde meditieren; dann verließ er den Raum.
Als er zurückkam, zeigte er uns das Ritual, ›göttliche Musik‹ zu hören. Wir sollten uns auf das konzentrieren, was wir in der rechten Seite des Kopfes hörten. Was wir in der linken Seite hörten,

wäre böse – denn die linke Seite des Körpers sei sterblich, die rechte aber unsterblich. Alles, was ich hörte, war ein bimmelndes Geräusch. Nach einer Stunde kam der Mahatma wieder, um uns das ›Wort‹ zu lehren, den ›heiligen Namen Gottes‹. Wir lernten, wie man den Namen ausspricht und zwar durch eine Reihe von Tiefatem-Übungen. Im ›Wort‹ war das Geräusch unseres eigenen Atmens eingeschlossen.
Der Mahatma kam ein letztes Mal zurück, damit wir etwas über den Nektar erfuhren. Wir sollten die Zunge ganz nach hinten drehen, so daß sie auf natürliche Weise den Korridor finden würde, wo der Nektar nach unten tropft. Ich habe überhaupt nichts geschmeckt. Alle anderen auch nicht, bis auf einen, der ausrief, wie alles nach Rosen schmecke und wie schön süß alles sei.
Zu diesem Zeitpunkt kniete der Mahatma nieder, drehte sich zu einem Altar und forderte uns auf, ihm nachzusprechen: ›Ich gelobe, daß ich den Anweisungen Guru Maharaj Jis unbedingt gehorchen werde.‹ Dann sagte er: ›Nun könnt Ihr tun, was Ihr wollt; achtet aber darauf, daß Ihr daneben stets meditiert. Meditation ist wie ein Segel an einem Segelboot, sie wird Euch immer wieder zu Guru Maharaj Ji zurückbringen.‹«[62]

KURZKOMMENTAR

Körper- und Atemübungen sind durchaus Bestandteile echter asiatischer Meditationstechniken, jedoch immer nur als Vorstufen für ganz anders geprägte Selbsterfahrungen verbunden mit Bewußtseinserweiterungen. Die Behauptung des Guru und seiner Organisation, daß das Training der von ihm propagierten vier Techniken des »Sehens«, »Schmeckens«, »Hörens« und »Fühlens« schon das eigentliche sei, d. h. die »Gotteserfahrung«, kann nur als Verdummung und Augenwischerei bezeichnet werden.

62. Enroth, »Youth Brainwashing«, S. 137f.

Für kritisch denkende Menschen scheint es deshalb auch fast unglaublich, daß ein kindlich-fetter Guru aus Indien mit diesem albernen Angebot seiner »Knowledge«-Ideologie tausende oder vielleicht hunderttausende junger Menschen in seinen Bann ziehen kann. Die Verzauberung und Verblendung reichen dabei soweit, daß sie von der »Gnade« sprechen, dem Guru zu Füßen liegen zu dürfen, daß sie ihn als »Friedensbombe« bezeichnen oder ihn für »das größte Ereignis« halten, das je in der Geschichte der Erde stattgefunden hat.

Wie groß muß die Bereitschaft zur Verdrängung sein, wenn der Meister seinen Reichtum verpraßt und die Anhänger das von allen geforderte einfache Leben akzeptieren?
Wie groß muß die Sehnsucht der jungen Leute nach Liebe, Glück, Gemeinschaft, Geborgenheit und spiritueller Erfahrung sein, daß ihnen als Erfüllung schon die bloße Gegenwart eines kleinen dicken Inders genügt? Wie groß sind die geistigen Defizite, damit sein nichtssagendes Geschwätz über eine selbstgebastelte »Knowledge«-Ideologie als letzte »Wahrheit« und »geheimes Wissen« akzeptiert werden kann? Vielleicht hat ein indischer Professor recht, wenn er meinte: ›Die Europäer sind komische Leute. Weil sie keinen eigenen Propheten hervorgebracht haben, müssen sie jedem nachlaufen, der aus Asien kommt.‹

4. Mun-Sekte: Die ganze Welt ist in meiner Hand, und ich werde sie unterwerfen

BILDER AUS DER SZENE

Eine der zwielichtigsten und umstrittensten Figuren der Sekten-Szene ist ein Koreaner namens San Myung Mun, der die Welt mit Hilfe einer von ihm entwickelten »Vereinigungs«-Ideologie erlösen will.
Daß die allgemeine Öffentlichkeit ihn so sieht, liegt natürlich nicht

an der von ihm propagierten Lehre, die durch unsere Meinungs-, Glaubens- und Religionsfreiheit geschützt wird. Das negative Urteil ergibt sich vielmehr aus seinen politisch-wirtschaftlichen Machenschaften, persönlichen Affären und besonders aus den Techniken zur Persönlichkeitsveränderung, wie sie in seiner Sekte praktiziert werden.

Im Mai 1975 hielt Dr. Sin Sa-Hun auf einem Treffen von elf protestantischen Kirchen Koreas in der Stadt Taejon einen Vortrag über die Mun-Sekte. Dabei ging er auch sehr ausführlich auf die zahlreichen sexuellen Beziehungen und Liebesaffären des Sektengründers ein, die für die Zeit zwischen 1945 und 1957 mit Namen und Daten belegt werden konnten. Eine besondere Informationsquelle des Referenten war in diesem Zusammenhang Yi Po-Sin, eine Schwägerin von Yu Hyo-Won, dem 1970 verstorbenen Präsidenten der ›Internationalen Vereinigungskirche‹. Nach ihren Aussagen hat Mun außer den nach 1961 geborenen 10 Kindern noch je einen Sohn von seiner ersten Frau Choe Sung-Kil und von einer ehemaligen Studentin, deren Namen vermutlich Kim Myung-Hee war.

Heute scheint sich der koreanische Messias etwas keuscher zu geben, zumindest was seine Anhänger betrifft. Wenn in der Mun-Sekte von Zeit zu Zeit in größeren Gruppen geheiratet wird, haben sich viele Paare vorher von Mun ›zusammenstellen‹ lassen. Ein Mädchen: »Gott gab uns durch Herrn Mun geistliche Erkenntnis darüber, wen wir heiraten sollten. Mun kennt nämlich unsere verschiedenen Wesenszüge und persönlichen Hintergründe am besten.«[63]

Haben sich genügend »Kandidaten für die Segnung« gefunden, werden sie von Mun persönlich getraut. Anschließend müssen die Ehepaare 40 Tage getrennt leben, um im Sinne einer ›Fastenperiode‹ Wiedergutmachung für die sexuellen Verfehlungen Adams und Evas zu leisten. Bei manchen dauert die Trennung jedoch schon einige Jahre.

San Myung Mun will nicht nur ein religiöser, sondern im weitesten

63. Daily Mail v. 10. Juli 78.

Sinne ein politischer Messias sein. Das Ziel ist die Vereinigung von Religion und Politik unter seiner Herrschaft, denn: »Die Trennung von Religion und Politik ist das, was Satan am liebsten mag.«[64]

Ohne Kommentar seien ein paar Äußerungen des Koreaners angeführt, die er bei verschiedenen internen Besprechungen mit seinen Spitzenfunktionären getan hat; sie stammen aus den nicht für die Öffentlichkeit bestimmten ›Master Speaks‹-Protokollen.

»Von allen Heiligen, die Gott je gesandt hat, bin ich wohl der Erfolgreichste, bis jetzt, nicht wahr? Wenn ihr das einseht, könnt ihr mir als eurem Führer vertrauen. Wenn wir auf der Seite Gottes eine eigene Nation gebildet haben, wie schnell werden wir unsere Mission erfüllen? Bis dahin können wir die ganze Welt in Aufruhr bringen. Ich bin ein Denker, ich bin euer Gehirn. Ich habe immer wieder darüber nachgedacht und diesen Weg gewählt. Auch wenn Gott mich zurückweist, ich wähle diesen Weg ....«[65]

»Wenn wir sieben Bundesstaaten der USA auf unsere Seite bringen können, dann schaffen wir auch die gesamten Vereinigten Staaten. Nehmen wir an, es gäbe 500 Söhne und Töchter wie ihr in jedem Bundesstaat, dann könnten wir die Regierung kontrollieren. Ihr könntet bestimmen, wer Senator oder Kongreßabgeordneter wird. Vom äußeren her gesehen, könnt ihr nicht schneller zum Ziel kommen, als auf diesem Wege.«[66]

»Die ganze Welt ist in meiner Hand, und ich werde die Welt erobern und unterwerfen. Ich werde über die US-Grenzen hinausgehen und nach den Enden der Erde greifen.«[67]

»Es kommt die Zeit, wo meine Worte als Gesetz dienen werden. Wenn ich etwas anordne, wird es getan. Wenn ich etwas nicht will, wird es nicht getan. Wenn ich einen bestimmten Botschafter für ein bestimmtes Land vorschlage, und wenn ich dann jenes

64. Master Speaks, 17. Mai 73, S. 12.
65. Master Speaks, 17. Mai 73, S. 5.
66. Master Speaks, 24. März 74, S. 7.
67. Master Speaks, 17. Mai 73, S. 7.

Land und jenen Botschafter besuche, wird er mich auf dem roten Teppich empfangen.«[68]

Seit der Koreaner Mun sein Hauptquartier in den USA aufgeschlagen hat, taucht er immer wieder in den Schlagzeilen der internationalen Presse auf. Dabei geht es meist um seine undurchsichtigen Polit-Aktionen im Zusammenhang mit dem südkoreanischen Regime und dessen Geheimdienst.
Inzwischen wurden Muns enge Kontakte zu dem vielfachen Millionär und Geheimdienstagenten Park Tong-Sun aufgedeckt, der seit Herbst 1977 in einen riesigen Bestechungsskandal verwikkelt ist. Nach Aussagen des ehemaligen Agenten Kim Sang-Keum sind durch Tong Millionen von Dollar in die Taschen amerikanischer Politiker geflossen, um die Politik der USA gegenüber Südkorea günstig zu beeinflussen. Als Tongs Verhaftung bevorstand, setzte er sich nach Südkorea ab.
Schon 1970 sind solche Pläne bei einer Geheimsitzung des südkoreanischen Präsidenten Park Chung-Hee besprochen worden. Teilnehmer waren damals u. a. Park Tong-Sun und ein gewisser Park Bo-Hi, seinerzeit Geheimdienstoffizier und jetzt Stellvertreter Muns und dessen Übersetzer.
Im Sommer 1978 beschäftigte sich ein Unterausschuß des amerikanischen Kongresses mit den Beziehungen zwischen USA und Südkorea. Ein wesentlicher Diskussionspunkt war die Rolle San Myung Muns. Von ihm wollte man Auskünfte über seine Beziehungen zum koreanischen Geheimdienst, über verschiedene von der Mun-Sekte organisierte Aktionen und besonders über Muns Waffenproduktion. Die der Mun-Sekte gehörende koreanische Firma ›Tong-Il-Industrial-Corporation‹ stellt u. a. M/16-Gewehre, Maschinenpistolen und Granatwerfer her. Mun leistete der Vorladung des Ausschusses jedoch keine Folge, sondern zog es vor, ins Ausland zu verschwinden.[69]

68. Master Speaks, 24. März 74, S. 9.
69. Frazer-Report, US-Congress, 6. Juni 78.

GRÜNDER UND IDEOLOGIE

Über viele Einzelheiten seiner Herkunft und Biographie hüllt Mun sich absichtlich in Schweigen, so daß sich um ihn herum ein wahres Gespinst von Legenden und phantastischen Behauptungen entwickeln konnte. Von der Sekte her wird argumentiert, daß viele Aussagen von Muns ersten Anhängern stammen würden, die nach Art der Orientalen zahlreiche Ereignisse »ausgeschmückt« hätten. Mun selbst hat sich gegen solche Legendenbildung jedoch nie zur Wehr gesetzt.

Geboren wurde San Myung Mun am 6. Januar 1920 (nach dem Mondkalender) in Chongju, Provinz Pjungan Buk-do im nördlichen Korea. Seine Anhänger glauben, daß »die Geschichtschreibung jenen Tag als den Beginn eines kosmischen Übergangs kennzeichnen (wird), einer Revolution, die nicht mit Schwertern oder Bomben bewirkt wurde, sondern mit der Wahrheit Gottes.«[70]

Die Idee, eine neue Wahrheit oder Offenbarung verbreiten zu wollen mit der Begründung, man habe sie durch direkte Kontakte zur göttlichen Welt erhalten, ist in unserer Zeit eigentlich nicht mehr ganz originell. Joseph Smith z. B., Gründer der Mormonen-Sekte, Ellen G. White, Prophetin der Siebenten-Tags-Adventisten und viele andere haben diese Methode bisher praktiziert. Dennoch versuchte es auch San Myung Mun noch einmal auf diese Weise.

Ostern 1936 will er im Alter von 16 Jahren eine »großartige Vision« gehabt haben. »Jesus Christus erschien ihm und teilte ihm mit, daß er dazu bestimmt sei, jene Mission zu Ende zu bringen, die Jesus 2000 Jahre zuvor begonnen aber nicht vollendet hatte. San Myung Mun befolgte die göttliche Offenbarung ohne Zögern.«[71] Einer anderen Sekten-Quelle zufolge habe Jesus den zunächst unwilligen Koreaner immer wieder inständig bitten müs-

70. Interne Kurzbiographie, S. 7.
71. Ebd., S. 8.

sen, bis er schließlich »die größte Aufgabe in der Geschichte der Welt« übernahm, die Menschheit und die Schöpfung zu erlösen.

Die folgenden neun Jahre waren ausgefüllt von einem Kampf, der »weit über menschliche Fassungskraft hinausgeht«. Es waren Schlachten »gegen alle kosmischen Mächte des Bösen, die verzweifelt nach seiner Vernichtung trachteten«. San Myung Mun: »Wenn irgend jemand wüßte, was ich in diesen Jahren durchgemacht habe, würde sein Herz vor Erschütterung und Kummer stillstehen. Niemand ist fähig, eine solche Leidensgeschichte zu ertragen.«[72]

Mun ertrug sie, wenn auch unter vielen Tränen.

»Oft waren seine Augen so angeschwollen, daß es selbst seinen nächsten Angehörigen schwerfiel, ihn zu erkennen. Seine Tränen flossen in solcher Menge, daß sie manchmal die dicken Matten durchweichten, die im Osten den Fußboden bedecken, und durch die Decke in das darunterliegende Geschoß hinabtropften. Er beweinte das Leid Gottes ... Es waren Tränen, die das trauernde und einsame Herz Gottes trösteten.«[73]

Die Antwort auf die Frage, warum Gott eigentlich so traurig war und des Trostes bedurfte, ergibt sich aus den »Wahrheiten, die nie zuvor einem Menschen bekanntgeworden waren«[74], die Mun jedoch im Zusammenhang mit bisher, wie er glaubte, ungelösten Fragen entdeckt hatte: Was ist der Mensch? Wer ist Gott? Welches Verhältnis sollte zwischen Gott und Mensch bestehen? Wer ist Satan? Wer war Jesus Christus? Hat Jesus seine Mission vollendet? Wenn ja, wo ist dann das von ihm verkündete Himmelreich? Und viele andere.

Von diesen neuen »Wahrheiten«, die er am Ende des neunjährigen Kampfes in seinen Händen hielt, wird noch zu reden sein.

72. Ebd., S. 8.
73. Ebd., S. 8.
74. Ebd., S. 8f.

Denn zu diesem Zeitpunkt, also 1945, hatte er den Teufel geistig und physisch überwunden und war »unumschränkter Sieger von Himmel und Erde« geworden.

»Die gesamte geistige Welt beugte sich vor ihm; er hatte sich nicht nur von den Anschuldigungen Satans völlig frei gemacht, sondern war auch in der Lage, Satan vor Gott zu verklagen ... Dieser Sieg, bei welchem San Myung Mun als Sohn Gottes und Besieger Satans beglaubigt wurde, war jedoch nur der Anfang seiner Geschichte.«[75]

Nachdem Korea von der japanischen Besatzung befreit worden war, erhielt er von Gott den Auftrag, seine neuen Offenbarungen in Pyongyang, der späteren Hauptstadt des kommunistischen Nordkorea, zu predigen. Er wollte »die Welt wieder an Gott zurückgeben« und sah seine Mission darin, »das Fundament für das Himmelreich unter den widrigsten Umständen«[76] legen zu müssen.
Zunächst geriet er an eine im Untergrund wirkende Pfingst-Bewegung, in der es zahlreiche geheimnisvolle Offenbarungen gab, verbunden mit der Vorstellung, Korea sei das Neue Jerusalem und die Wiederkunft des Messias in Gestalt eines Koreaners stünde kurz bevor. All diese Elemente nahm Mun auf, vermischte sie mit seinen eigenen »Erkenntnissen« und gab das ganze später unter der Bezeichnung »Die Göttlichen Prinzipien« heraus.

Das Jahr 1960 spielt in der Ideologie der Mun-Sekte eine entscheidende Rolle. In diesem Jahr heiratete Mun offiziell zum zweiten Mal – ein 18jähriges Mädchen Namens Han Hak-Ja. Seitdem werden er und seine Frau als das »Wahre Elternpaar des Universums« verehrt, die mit ihren inzwischen 10 Kindern die erste vollkommene Familie der Weltgeschichte bilden. Mit dieser Familie als Mittelpunkt kann jetzt die Trennung zwischen der ge-

75. Ebd., S. 10.
76. Ebd., S. 10.

fallenen Schöpfung und Gott überwunden, können Gottheit und Menschheit vereinigt werden. Um solch merkwürdige Vorstellungen zu verstehen, müssen wir kurz einen Blick auf die Mun-Ideologie werfen.
Der Koreaner geht davon aus, daß alles in dieser Welt einerseits von den polaren Wesensarten ›Innerer Charakter – Äußere Form‹ und andererseits von der Polarität ›Maskulin – Feminin‹ bzw. ›Positiv – Negativ‹ bestimmt ist. Beispiel:

»Der Mensch in seiner fundamentalen Struktur besteht aus Geist und Körper. Daraus erwachsen die polaren Wesensarten von Maskulinität und Feminität, d. h. zuerst kommt der Mensch und dann das Männliche und Weibliche. Beide, Mann und Frau, bestehen aus Geist und Körper. Daher bilden Geist und Körper die fundamentale Struktur des Menschen. Das gleiche gilt für Gott.«[77]

Da Gott den Menschen nach seinem Bilde geschaffen habe, so folgert Mun weiter, muß Gott die gleichen Eigenschaften des Maskulinen und Femininen in sich vereinen. Außerdem waren Gott und Schöpfung als harmonisches Ganzes angelegt; demnach muß die Schöpfung die äußere sichtbare Form des unsichtbaren Gottes sein, oder anders ausgedrückt: Gott ist unsichtbares Subjekt, die Schöpfung sichtbares Objekt, wobei Subjekt und Objekt zusammen erst das Ganze bilden. Nun fließt zwischen allen Subjekten und Objekten in dieser Welt, wenn das Verhältnis zueinander nicht gestört ist, ein aus göttlicher Urenergie hervorgegangener Kraftstrom; dafür hat Mun die Bezeichnung »Geben und Nehmen« geprägt.
Die Voraussetzung für ein »Gutes Geben und Nehmen zwischen Einzelpersonen, Familien, Nationen und in der Welt«[78] liegt darin, daß zuerst der Austausch des »Gebens und Nehmens« zwi-

77. Kim Young Whi, »Göttliche Prinzipien (Studienführer) I«, S. 36.
78. Ebd., S. 44.

schen Gott und den Menschen klappt; denn zu diesem Zweck hat Gott die Menschen überhaupt geschaffen.

Allerdings konnte Gott sich an seiner Beziehung zu den Menschen nur kurze Zeit erfreuen, und das kam so: Gott hatte die Engelwelt geschaffen mit dem Erzengel Luzifer an der Spitze; danach schuf er die Menschen, Adam und Eva, und setzte sie in den Garten Eden. Sie sollten sich von der vorläufigen Gestaltungsstufe über die Wachstumsstufe bis zur Vollendungsstufe entwickeln, um dann als vollkommenes Ehepaar mit Gott als Mittelpunkt eine Art Trinität zu bilden. Als der Erzengel Luzifer sah, daß Gott die Menschen als seine Kinder mehr und anders liebte als ihn – er stand ja nur in der Position eines Dieners –, versuchte er diesen Verlust an Liebe irgendwie auszugleichen. Er näherte sich Adam und Eva und zeigte ihnen die Schönheiten des Garten Eden, da er ja viel mehr Wissen hatte als die Menschen, die sich erst noch auf dem Wege zur Vollkommenheit befanden. Luzifer erschien der Eva deshalb auch begehrenswerter als Adam, und der Austausch des Gebens und Nehmens zwischen den beiden nahm zu, wurde intensiver und verwandelte sich allmählich in Liebe.« Hätte Adam sich mehr um Eva gekümmert und mehr Zeit mit ihr zusammen verbracht, wäre diese Entwicklung nicht möglich gewesen«[79], heißt es in einem Mun-Kommentar zu diesen Vorgängen.

So aber passierte es: Luzifer verführte die damals 15jährige Eva zur Unzucht, wodurch sie vom Erzengel »ein vorzeitiges Wissen um die Liebe« empfing, gleichzeitig aber auch ein Gefühl der Furcht, hervorgerufen durch Luzifers schlechtes Gewissen. Indem sie nun ihrerseits Adam zu einem ehelichen Miteinander überredete, was jedoch auf der Wachstumsstufe noch nicht erlaubt war, zog sie auch diesen auf die unterste Stufe herab, und der Plan Gottes mit den Menschen war vorerst gescheitert. Er warf die beiden aus dem Paradies und Luzifer aus der Engelwelt, der daraufhin zum Satan wurde. An die Stelle Gottes im Vorgang

79. Ebd., S. 132.

des »Gebens und Nehmens« war bei den Menschen nun Satan getreten.

Der ursprüngliche paradiesische Zustand kann nur durch die Vermittlung eines Messias wiederhergestellt werden:

»Der Zweck der Wiederherstellung ist erfüllt, wenn die Menschen an den Messias, der auf Erden erscheint, glauben und sich mit ihm vereinigen. Wenn der Mensch ein uneingeschränktes Geben und Nehmen mit dem Messias aufnimmt, wird Satan vollständig vom Menschen getrennt. In dieser Situation wirkt der Messias als Mittler zwischen Gott und den Menschen und wird zum Weg, zur Wahrheit und zum Leben für ihn.«[80]

Mun glaubt, daß Gott schon seit Tausenden von Jahren versucht, das »Fundament für den Empfang des Messias« zu errichten. In allen Zeitabschnitten, von Adam bis Abraham, von Abraham bis Jesus und von Jesus bis in die Gegenwart, gab es jedoch immer wieder Pannen und Versäumnisse, so daß die jeweiligen Epochen mit ihren Generationen an Satan verlorengingen. Auch Jesus Christus, der ja von Gott als zweiter Adam gesandt worden war, hat seine Aufgabe nicht vollständig erfüllt. Sie bestand nämlich darin, die Position des ersten Adam durch eine »gesegnete Hochzeit« und die Bildung eines »wahren Elternpaares« wiederherzustellen.

Mun gesteht Jesus zwar zu, einen Teil der Gesamt-Erlösung, nämlich die geistige, bewirkt zu haben. Wenn sich Menschen im Glauben geistig mit Jesus Christus vereinigen, bedeutet das für sie die geistige Erlösung. Dieses war aber nur der sekundäre Wille Gottes. In erster Linie ging es ihm um die physische Erlösung bzw. Wiederherstellung des Menschen. Da diese noch aussteht, muß ein neuer Messias kommen, um sie durchzuführen.
Mun will beim Studium des Alten Testamentes herausgefunden

80. Ebd., S. 46.

haben, daß Gott niemals jemanden zum zweiten Mal gebraucht, der schon einmal versagt hat. Gott erwählt sich in solchen Fällen eine andere Person, die seinen Auftrag ausführt.

»Als Gott Mose erwählte, versprach er, ihn und sein Volk nach Kanaan zu führen. Da Mose jedoch versagte, wurde es ihm nicht erlaubt, das Gelobte Land zu betreten. Gott erwählte Josua, um Moses Amt zu übernehmen. Folglich ist es undenkbar, daß Jesus von Nazareth wiederkommen wird.«[81]

Wer aber wird der neue Messias sein? Wenn man die Vertreter der Mun-Sekte danach fragt, erhält man ausweichende und verschleiernde Antworten. Für dieses Taktieren ist in Amerika der Begriff ›Heavenly Deception‹ (= himmlische Täuschung) geprägt worden. So heißt es in einer ›Dokumentation‹ der Sekte vom September 1978:

»Oft wird behauptet, Rev. Mun lasse sich selbst als Messias feiern und verehren. – Rev. Mun erhebt nicht diesen Anspruch. Hilfreich mag sein zu wissen, was die Vereinigungskirche mit dem Begriff ›Messias‹ verbindet. Demnach muß ein Mensch zuerst von Gott als Messias erwählt werden, dann selbst diese Mission akzeptieren und schließlich das Reich Gottes auf Erden errichten. Jesus kam als der Messias, konnte aber wegen dem Unglauben des Volkes nicht das Reich Gottes auf Erden errichten. Deshalb versprach er die Wiederkunft Christi. Ob heute Rev. Mun oder irgend jemand sonst im vollen Maße Messias ist, kann letztlich erst durch das Kommen des Reiches Gottes beurteilt werden.«[82]

81. Kim Young Oon, »Göttliche Prinzipien (Studienführer)«, S. 219.
82. »Dokumentation – Stellungnahme der Vereinigungskirche zu Hauptvorwürfen«, S. 4.

Auf der Straße: Mun-Werber in Düsseldorf

Die Aussage »Rev. Mun oder irgend jemand sonst« ist ein deutliches Beispiel für die Praxis der ›himmlischen Täuschung‹, denn in den internen, nicht für die Öffentlichkeit bestimmten Schriften der Sekte wird Mun ganz unmißverständlich als Messias beschrieben, der gekommen ist, um die Menschen mit Gott, die Völker der Welt untereinander, Religion und Wissenschaft und vieles andere zu »vereinigen«.

So heißt es etwa im 120-Tage-Kurs, einem Schulungspapier für Mun-Funktionäre, daß die Menschen in einigen Jahren erkennen würden, daß Mun der Messias sei, der ›Herr der Zweiten Wiederkunft‹. Welches Gefühl würden die meisten Christen dann haben? »Sie werden sagen: ›Oh, was haben wir nur getan? Wir haben gegen den Herrn der Zweiten Wiederkunft rebelliert ...‹ Diese Gewissensbisse werden für immer andauern. Selbst wenn das Reich Gottes auf Erden errichtet ist, wird diese Tatsache, daß sie den Messias verraten haben, nicht vergeben.«[83] Diese Drohung gilt besonders solchen Eltern, die mit der Mitgliedschaft ihrer Kinder in der Mun-Sekte nicht einverstanden sind.

Ein Charakteristikum besonderer Art, das Mun, nach Ansicht seiner Anhänger, als Messias qualifiziert, ist das Erfüllen der drei ursprünglich Adam und Eva zugedachten »Segnungen«. *Der erste Segen bezieht sich auf die persönliche Vollkommenheit.* »Bevor der Mensch fiel, konnte er sich frei und offen mit Gott unterhalten. Der vollkommene Mensch ist eins mit Gott und kann Gottes Herz wahrnehmen.«[84] Seit Jesus hat es Mun als einziger geschafft, »frei und offen« mit Gott zu reden und dessen »Herz wahrzunehmen«.

Der zweite Segen liegt in der »Vermehrung durch Kinder des Guten«. Adam und Eva haben durch den Sündenfall »Kinder mit böser Natur« in die Welt gesetzt, und Jesus kam erst gar nicht dazu, Kinder zu haben. Diesen Segen hat Mun jetzt erfüllt, indem er

83. 120-Tage-Kurs, S. 160f.
84. Kim Young Whi, »Göttliche Prinzipien (Studienführer)«, S. 130.

bisher zehn »Kinder des Guten« hervorbrachte; sie sind die ersten sündlos geborenen, d. h. von Satan getrennten Kinder der Welt.

Gottes dritter Segen ist der Segen der Herrschaft über die Schöpfung. »Wenn der Mensch Gottes dritten Segen erfüllt hätte, wäre er zum Herrn des Guten über die gesamte Schöpfung geworden und hätte das Reich Gottes auf Erden errichtet.«[85] Die Herrschaft über die Schöpfung kann wiederhergestellt werden, wenn es jemandem gelingt, die menschliche Unwissenheit in ihrer inneren Form durch die Religion und in ihrer äußeren Form durch die Wissenschaft zu überwinden. Das hat Herr Mun durch die Vereinigung von Religion (›Herrschaft des Herzens‹) und Wissenschaft (›Herrschaft der Wahrheit‹) zumindest für den Bereich seiner Sekte getan. So ist er gekommen, um als ›Herr der Wiederkunft‹, als der ›ewige Vater‹ im Namen Gottes »die eine Welt der Einheit, der Harmonie und des Friedens«[86] zu errichten.

Vielleicht ist schon deutlich geworden, daß ein bestimmtes Motiv in Muns Lehrsystem immer wieder auftaucht und mit seinen verschiedenen Variationen eine Art roten Faden bildet: Das Stichwort ›Vereinigung‹.

Der Koreaner hat die Vorgänge in dieser Welt beobachtet und u. a. festgestellt, daß es in unserem Jahrhundert eine größere Zahl von Vereinigungsbestrebungen gab. Die Gründung des Völkerbundes rechnet er dazu, dann die Vereinten Nationen, der Gemeinsame Markt, die Europäische Gemeinschaft, die Zusammenschlüsse von Kirchen, das Anwachsen des Ökumenischen Rates und andere. Hierin sieht Mun einen Ausdruck des Willens Gottes, die Welt von Spaltung und Trennung zu Eintracht und Vereinigung zu bringen. Das wichtigste aber daran ist, daß die Menschheit so auf ein großes Ereignis vorbereitet wird: das Erscheinen des Messias.

Wenn in nicht allzu ferner Zukunft die Menschen und Völker der Erde in einer »Vereinigten Familie« mit dem Messias an der Spitze zusammenleben sollen, müssen vorher aber noch die Weltre-

85. Ebd., S. 182.
86. Ebd., S. 183.

ligionen vereinigt werden. Mun glaubt, daß auch alle nichtchristlichen Religionen (Buddhismus, Taoismus, Islam, Schintoismus, Hinduismus u. a.) die Grundlage für die Errichtung des Reiches Gottes gelegt haben, denn sie haben das Bewußtsein der Menschen erleuchtet und zu ihrer geistigen Entwicklung beigetragen. In allen liegt ein bißchen göttlicher Wahrheit, weil Gott sie als Instrumente gebrauchte, mit den verschiedenen Menschengruppen der Welt Verbindung aufzunehmen. Im Judentum und im Christentum hat sich Gott direkt und in den übrigen Religionen indirekt offenbart.

In der geistigen Welt bilden die verstorbenen Mitglieder der verschiedenen Religionen immer noch eigene Gruppen unter Führung ihrer jeweiligen Religionsstifter. Die Schranken jedoch, die zwischen den einzelnen Gruppen, aufgrund ihres unterschiedlichen Gottesverständnisses bestanden, wurden inzwischen abgebaut, nachdem der Beginn des göttlichen Zeitalters mit dem neuen Messias ausgerufen wurde.

Die Religionsgründer nehmen nun durch geistige Botschaften und Inspirationen mit ihren irdischen Anhängern Kontakt auf und weisen sie auf den Messias hin, der bei den einzelnen Religionen unter verschiedenen Bezeichnungen bekannt ist. Die Christen nennen ihn ›Herrn der zweiten Wiederkunft‹, die Moslems ›Iman‹ oder ›Mahdi‹, die Buddhisten ›Maitreya Buddha‹, die Konfuzianisten ›Wahrer Mensch‹ und andere Religionen noch anders. Es handelt sich dabei aber immer um die gleiche Gestalt. So können alle Menschen demnächst bei dem universellen Erscheinen des Messias dabeisein und werden zum ersten Mal in der Geschichte religiös vereint. Es gibt dann nur noch eine einzige Religion, die die Menschheit zu einer »Universellen Bruderschaft« zusammenführt.

Am Ende steht die Vereinigung der sichtbaren und der unsichtbaren Welt, womit das Reich Gottes auf Erden errichtet ist. »Das Leben, das Gott für alle seine Kinder geplant hat, wird beginnen. Gottes Ideal der Schöpfung wird endlich erfüllt sein.«[87]

87. Kim Young Oon, »Göttliche Prinzipien (Studienführer)«, S. 130.

Dem Koreaner fällt es verständlicherweise nicht leicht, mit seinen merkwürdigen Ideen und Ansichten außerhalb der Mun-Sekte Gehör zu finden. Da er besonders bei der christlichen Theologie wegen seiner Verzerrung und Pervertierung biblischer Aussagen auf massiven Widerstand stößt, greift er zu einem Trick, den vor ihm schon viele Offenbarer, Sektengründer und Messiasse angewandt haben.
Die Ablehnung seiner Person und die angebliche Verfolgung durch »Ungläubige« wird, da sich Jesus Christus ja in der gleichen Situation befunden habe, als Echtheitsbeweis des eigenen Anliegens gedeutet: »Wird jedoch der Sohn des Menschen, wenn er kommt, auf Erden Glauben finden?« (Lukas 18,8)
Jesus wurde genau von jenen verfolgt, so sagt Muns Chef-Ideologin Kim Young Oon, die sich strikt an die Worte des Alten Testamentes gehalten, die geopfert, gebetet und Gott gedient hätten. Sie wurden durch das Alte Testament geblendet und verleugneten den Messias. »Wer kann sagen, daß das Neue Testament die Christen von heute nicht in gleicher Weise verblenden wird, daß sie deshalb den Herrn der Wiederkunft verleugnen werden?«[88]

KURZKOMMENTAR

In stärkerem Maße noch als bei den anderen neureligiösen Gemeinschaften fällt bei der von Mun gegründeten Sekte, die sich selbst »Vereinigungskirche« nennt, der starke Gegensatz zwischen ›Draußen‹ und ›Drinnen‹ auf; d. h. zwischen dem, was die Sekte und ihre Funktionäre nach außen hin propagieren und dem, was intern getan und geglaubt wird.
Ein zweiter Kontrast ergibt sich aus dem Anspruch des Koreaners, ›Herr der Zweiten Wiederkunft‹ bzw. ›Messias‹ sein zu wollen, und der gleichzeitigen Verwicklung seiner Person in zahlreiche Skandale, Affären und undurchsichtige Machenschaften.

88. Ebd., S. 223.

Obwohl in den letzten Jahren zahlreiche Skandale und Affären um den Koreaner aufgedeckt worden sind, lassen sich immer wieder junge Menschen in diese zwielichtige Sekte locken, um dem ›Herrn der Zweiten Wiederkunft‹ zu dienen. Und selbst solche, die es geschafft haben, aus der Sekte herauszukommen, werden später noch häufig von der Frage gequält: »Was ist, wenn Mun wirklich der Messias ist, und ich habe ihn verraten?«

5. Gemeinsame Kennzeichen von Jugendsekten und Psycho-Gruppen

Die bekannten Jugendsekten, spirituellen Erfahrungsgemeinschaften und Psycho-Gruppen unterscheiden sich durch mehrere Aspekte voneinander: etwa im Hinblick auf die Mitgliederzahl, das Herkunftsland, die Werbemethoden, die religiösen oder weltanschaulichen Hintergründe bzw. Nährböden, das Durchschnittsalter der Anhänger, der Grad der Bindung an die Organisation, usw. Dennoch gibt es charakteristische Merkmale, die bei allen Gemeinschaften in auffälliger Weise vorhanden und im Wesentlichen austauschbar sind.

AUTORITÄRE FÜHRERGESTALT

An der Spitze des jeweiligen Systems steht eine prophetische oder messianische, in jedem Fall aber autoritäre Gestalt, die altersmäßig einer anderen Generation angehört als die Masse der meist jüngeren Anhänger. Eine Ausnahme bildet Guru Maharaj Ji. Alle Führergestalten behaupten, besondere psychische Erlebnisse (Visionen, Offenbarungen, Eingebungen usw.) gehabt zu haben, die sie zur Gründung ihrer einzelnen Gruppen und zur Entwicklung einer besonderen Ideologie bewegten. Sie selbst fungieren dabei als absoluter Ausgangs- und Kristallisationspunkt.

ERLÖSUNGSANSPRUCH

Alle noch so unterschiedlichen Ideologien und Lehrsysteme stimmen in dem Anspruch überein, den Menschen die Erlösung und der Welt das Heil bringen zu wollen. Bei der konsequenten Verwirklichung der Ideen sollen angeblich keine Probleme und Fragen mehr offenbleiben. Ein paar Beispiele:

Begeisterung: Befreit oder abhängig?

– *Guru Maharaj Ji:* Wenn alle Menschen das von ihm verbreitete ›knowledge‹ hätten, würden Frieden und Glück in die Welt einziehen.
– *Maharishi Mahesh Yogi:* Wenn alle Menschen nach seiner Methode der ›Transzendentalen Meditation‹ meditierten, würde die Welt automatisch in eine erlöste (ideale) Welt ohne Unfälle, Krankheiten, Kriminalität usw. übergehen.
– *San Myung Mun:* Wenn alle Menschen ihn als den neuen Messias annähmen, würde es bald eine heile, mit Gott versöhnte Welt geben.
– *L. Ron Hubbard:* Wenn alle Menschen die von ihm erfundenen Dianetics-Kurse durchführten und damit ›clear‹ würden, wäre die Erde bald ein Paradies ohne Verbrechen, Geisteskrankheiten und versklavte Menschen.
– *Chandra Mohan:* Wenn sich alle Menschen zu Bhagwan-Jüngern machen ließen und sich mit Hilfe seiner ›dynamischen‹ Therapien und Meditationen eine neue Identität verschafften, gäbe es nur glückliche und sorgenfreie Menschen auf einer paradiesischen Erde.

PSYCHISCHE ABHÄNGIGKEIT

Mit der Überzeugung, durch den jeweiligen Sektenführer die einzig wirksame Methode zur Erlösung der Welt und des Menschen kennengelernt zu haben, ist zwangsläufig eine umfassende emotionale Bindung des einzelnen Sektenmitgliedes an den ›Heiligen Meister‹, ›Propheten‹, ›Messias‹, ›Yogi‹, ›Guru‹ usw. gegeben. Die Einweihungs- und Aufnahmeriten mit ihren Gelübden und Verpflichtungen sind ausschließlich auf den Sektenchef bezogen.

KRITIKLOSIGKEIT

Ein Kennzeichen, das die Anhänger von Jugendsekten und Psycho-Gruppen mit denjenigen der klassischen Sekten (Zeugen Jehovas, Mormonen u. a.) teilen, ist ihre völlige Kritiklosigkeit den jeweiligen Systemen, Ideologien und Führergestalten gegenüber.
Es ist bisher nicht beobachtet worden, daß etwa ein Mitglied der Mun-Sekte scharfe Kritik am Verhalten Muns, an den Aktionen der Gemeinschaft oder an anderen Dingen geübt hätte und trotzdem von sich aus Mitglied geblieben oder von der Sekte als solches weiterhin akzeptiert worden wäre. Das gleiche gilt für alle übrigen Gruppen.

WIRTSCHAFTLICHE AUSBEUTUNG

Jugendsekten und Psycho-Gruppen sind inzwischen durch die finanzielle Ausbeutung ihrer Anhänger und die geschickte Umgehung gewisser Steuergesetze zu wirtschaftlichen Großunternehmen geworden. Wie andere Konzerne auch, werden sie nach den Regeln des industriellen Managements geführt und arbeiten multinational. Im Unterschied etwa zu den Kirchen gibt es in ihnen keinerlei demokratische oder von außen kommende Kontrolle über die Verwendung der Millionenbeträge, die oft genug in dunklen Kanälen verschwinden.

6. Mögliche Auswirkungen des Beitritts (am Beispiel der Mun-Sekte)

Wer sich einer Jugendsekte oder Psycho-Gruppe anschließen will, muß wissen, was er tut. Er wird als aktives Mitglied oder,

nach einem späteren evtl. Austritt, als Ehemaliger möglicherweise nicht mehr der gleiche sein wie vorher.
Auch wenn nicht alle Techniken und Phasen der Persönlichkeitsveränderung bei jeder Gemeinschaft in gleicher Weise anzutreffen sind, so ähneln sich die Ergebnisse der ›Umwandlung‹ doch sehr. Das geht auch aus einem Bericht hervor, den *Dr. John G. Clark, Professor für Psychiatrie an der Harvard Medical School* im August 1976 einem parlamentarischen Untersuchungsausschuß des US-Staates Vermont über die »Auswirkungen einiger religiöser Sekten auf Gesundheit und Wohlergehen ihrer Anhänger« vorgelegt hat. Darin bezeichnet er die Hare Krishna-Bewegung, die Mun-Sekte, die Kinder Gottes, die Scientology-Church und die Mission des göttlichen Lichts ausdrücklich als *»destruktive Kulte«*[89].
Im folgenden sollen die typischen Veränderungen junger Sektenanhänger beispielhaft an den Mitgliedern der Mun-Sekte aufgezeigt werden.

WERBUNG

Zum Vorfeld der eigentlichen ›Bearbeitung‹ der Neulinge – man muß sie ja erst einmal haben – gehören natürlich Werbung, Öffentlichkeitsarbeit und das direkte Ansprechen von potentiellen Mitgliedern auf der Straße.
Im März 1978 fand sich am Schwarzen Brett der Ruhr-Universität Bochum ein Aushang der ›Vereinigungskirche‹, auf dem u. a. stand:

»Lieber Freund! Ich bin sicher, Sie haben sich viele Male in Ihrem Leben gefragt, was der Zweck des Lebens und unserer Existenz ist. Auch wenn Sie an Gott glauben, ist es möglich, daß Sie viele Fragen über seine Realität und seine Beziehungen zur Menschheit haben. Warum erschuf er die Menschen? Warum erlaubt er

89. Aktion Jugendschutz NRW 4/77, S. 2.

die Existenz des Bösen? Wer ist Jesus Christus? Wie wird der Messias wiederkommen? Warum ... ? Weshalb ... ? Was ... ? In dieser Zeit der Unruhe und Unsicherheit beginnt ein Licht der Hoffnung aus dem Orient zu leuchten in Form einer neuen Offenbarung Gottes, welche klare und direkte Antworten auf diese jahrhundertealten Fragen gibt ... Sie erklärt, wie und wann das zweite Kommen Christi stattfinden wird ... Wenn Sie wirklich ernsthaft an dem Inhalt dieser Offenbarung interessiert sind, möchten wir Sie herzlich einladen, einmal zu uns zu kommen.«[90]

Für die Mission auf der Straße gibt es Faltblätter mit vorformulierten Ansprech-Fragen, wie etwa: »Ich bin Mitglied einer internationalen Vereinigungsbewegung – ich möchte Sie zu einem Vortrag einladen«; »Unser Zentrum ist nur wenige Minuten von hier entfernt – interessieren Sie sich für die Probleme dieser Welt?«; »Wir haben eine ganz neue Lösung gefunden – bitte kommen Sie mit in unser Jugendhaus«; »Haben Sie schon von den Vereinigungsprinzipien gehört?«[91] u. a. Die persönlichen Kontakte werden durch die Freundlichkeit und das nette Äußere der Missionare erleichtert. Die Mun-Sekte zielt darauf ab, den Angesprochenen in die örtlichen Stützpunkte einzuladen oder gleich dorthin mitzunehmen.

PERSÖNLICHKEITSVERÄNDERUNG

In der ersten Phase des gesamten Bekehrungsvorganges soll zunächst *Begeisterung für die Existenz der Gruppe*, ihre glaubensmäßigen Angebote und die damit verbundenen Möglichkeiten zur Lebensbewältigung geweckt werden. Das geschieht am ehesten durch die aktiven Mitglieder, die von ihrem eigenen Lebensweg und dem Beitritt zur Gemeinschaft erzählen. Damit will

90. Aushang Mun-Sekte (Flugblatt).
91. Faltblatt »Allgemeine Verständigung«, S. 5f.

man wenigstens erreichen, daß der Angesprochene wiederkommt, auch gegen den evtl. Widerstand oder Einspruch von Eltern und Freunden. Hält der Interessent den Kontakt aufrecht, lädt ihn die Mun-Sekte sehr bald zu Schulungswochenenden in ihre Trainingslager Neumühle/Taunus oder Regelsmühle/Mittelfranken ein. Diese Phase wird häufig mit dem Beitritt zur Sekte abgeschlossen.
In der zweiten Phase arbeitet man gezielt daran, die *Kritikfähigkeit* der neuen Mitglieder *einzuschränken.* Durch ständiges Singen, Herleiern von Gebeten oder Ritual-Gesängen und andauerndem Studium der neuen Lehre (Göttliche Prinzipien), wird der Geist ›gefangengenommen‹. Bald geraten die jungen Leute in einen Zustand begrenzter Aufmerksamkeit und verlieren so allmählich die Fähigkeit, die neue Lehre kritisch zu beurteilen und die Strukturen ihrer Vermittlung zu durchschauen. Neben der ›Ermüdung‹ des Geistes wird die des Körpers angestrebt durch Verkürzung der Schlafzeiten, unregelmäßige Schlafunterbrechungen für Gebete und lange Missionseinsätze. Die Neulinge sind nun nicht mehr ganz Herr ihres Verstandes oder Willens, und die Kontrolle über die eigenen Handlungen wird teilweise von der Gruppe oder einem ›Betreuer‹ übernommen. Es gilt für sie nur noch das, was die Gemeinschaft, vertreten durch den jeweiligen Leiter, für richtig und gut hält.
In der dritten Phase beginnt die eigentliche Gedanken-Umerziehung, wobei *Elemente von Schuld und Angst* zur Hilfe genommen werden. Wenn etwas nicht klappt, haben einzelne nicht genug gefastet, gebetet oder für die Gemeinschaft gearbeitet. Der ›Satan‹ hat Raum gewonnen und muß durch erhöhte Leistungen wieder zurückgedrängt werden. Andererseits gilt als Lohn für besondere Anstrengungen die Aussicht auf Glück und Erlösung.
Die Reglementierung ist jetzt sehr umfassend: alle Beziehungen zu anderen Menschen werden von der Sekte festgelegt. Ob jemand nach Hause fahren darf oder nicht, in welche Stadt oder welchen neuen Stützpunkt (evtl. im Ausland) der einzelne verlegt wird, oder wie die Kommunikation mit den Eltern geschieht, alles bestimmt die Sekte. Die Elternschaft wird auf die Führer

übertragen, besonders auf San Myung Mun und seine Frau, die als ›Wahre Eltern‹ fungieren.
Gleichzeitig vollzieht sich eine Umwertung von Emotionen. ›Liebe‹ etwa heißt nur noch Liebe zu den Sektenführern und den ›Geschwistern‹ der ›neuen Familie‹. ›Freude‹ wird verengt auf Freude über die Leistung der Sekte und die Erfolge ihrer Führer. ›Glück‹ empfindet man durch die Zugehörigkeit zu den »Geretteten«.

Ehemalige: Lebensgemeinschaft von ehemaligen Sektenanhängern in Altenberg bei Köln

Eltern stellen in diesem Stadium erschreckende Veränderungen der Sprechweise und des Briefstils einschließlich der Handschrift fest. John Clark faßt seine Untersuchung so zusammen:

»Auch eine Verengung und Verarmung der Denkvorgänge wird bemerkt. Wirklich intelligente, redegewandte und schöpferische junge Menschen verlieren jegliche Differenzierungsmöglichkeit. Sie werden unfähig gemacht, in ihrer Sprache Ironie oder Sinnbilder zu verwenden. Sie sprechen mit einem kleineren, vorsätzlich eingeschränkten Vokabular voller Klischees und eingefahrener Gedankengänge. Sie scheinen auch große Schwierigkeiten zu haben, abstrakt zu denken oder zu argumentieren.«[92]

Die vierte Phase ist für die meisten Sektenanhänger die Gegenwart, in der permanent versucht wird, den beim Mitglied erreichten *Zustand zu stabilisieren* und für *längere Zeit aufrecht zu erhalten.* Je länger die Mitgliedschaft in der Mun-Sekte dauert, je geringer werden die Fähigkeiten, mit den komplizierten und vielschichtigen Problemen des Lebens außerhalb der Sekte fertig zu werden. In gleichem Maße wächst die Bereitschaft, das eigene Bewußtsein und Denken unter ständige Fremdüberwachung zu stellen.

Dadurch, daß junge Menschen ihr Recht auf eigene Entscheidungen, auf Privatleben und individuelle Wirklichkeitserprobung aufgeben zugunsten einer Existenz als programmierte Sektenmitglieder, kann, so glaubt John Clark, »die Reifung zum Erwachsenen für immer behindert werden«.[93]

92. Aktion Jugendschutz NRW 4/77, S. 6.
93. Ebd., S. 7.

III. VERSUCH EINER DEUTUNG

1. Warum hauen junge Menschen von zu Hause ab?

Wer sich mit der Problematik der Jugendsekten und Psycho-Gruppen beschäftigt, wird bald feststellen, daß es sich dabei nur um den Teilaspekt eines umfassenderen Vorganges handelt, den man einmal mit ›Eskapismus‹ bezeichnet hat. Eskapismus bezeichnet die Fluchtbewegung von Menschen, besonders jüngeren, aus Logik und Vernunft in Emotion und Irrationalität, aus Schwierigkeiten und Frustrationen in Scheinlösungen und Betäubungen. Sammeln wir ein paar Mosaiksteinchen auf, wie es dazu kommen kann.

DIE JUGENDLICHEN

Es gibt in der Bundesrepublik 9 Millionen Jugendliche zwischen 14 und 25 Jahren, also rund 15% der Gesamtbevölkerung. Auch wenn es davon nur ein paar Tausend sind, die »abhauen«, so sind sie doch Symptome dafür, daß an einigen Stellen etwas nicht stimmt. Auffällig ist die Fluchtrichtung nach außen, mit Endstation Rauschgift/Alkohol, Selbstmord, politische Extremgruppen oder Jugendsekten, wobei die Hinwendung zum Terrorismus als Sonderfall gelten muß. Die anderen Fluchtwege haben jedoch fast identische Ausgangspunkte und Motive. Es gibt aber auch eine Fluchtbewegung nach innen, die nicht so spektakulär und offensichtlich ist, dafür jedoch viel häufiger vorkommt: Sie

zeigt sich in Resignation und Desinteresse an sich selbst und der Umwelt.
Menschen sind im wesentlichen dadurch gekennzeichnet, daß sie Bedürfnisse verschiedener Art haben: Sie wollen leben, erleben, die Lebensmöglichkeiten auskosten, Lust und Freude spüren. Dazu gehören Ausgeglichenheit und Harmonie mit der Umwelt. Aus den sozialen Beziehungen zwischen ihr und der eigenen Position werden auch Antworten auf die Fragen nach dem Sinn des Lebens erwartet.
Menschen haben das Bedürfnis nach Selbstverwirklichung; sie wollen das entfalten, was in ihnen angelegt ist, sie wollen sie selbst sein. So entsteht das Verlangen nach Vervollkommnung, d. h. nicht nur einer naturgesetzlichen Gegebenheit zu folgen, – man lebt, wird älter und stirbt eines Tages –, sondern sich auch als Person und soziales Wesen höher und weiter zu entwikkeln.
Eines der Grundbedürfnisse des Menschen ist es jedoch, unabhängig von Leistung und ›Gebrauchswert‹ angenommen, in den sozialen Bezügen mit seiner Eigenständigkeit und Einmaligkeit als Wert anerkannt zu werden.
Diese und andere Bedürfnisse tragen bei jedem Menschen unterschiedliche Züge, entsprechend dem Selbstverständnis oder dem sogenannten ›Lebensthema‹. Damit sind die bewußten oder noch nicht so klaren Zielvorstellungen gemeint, wie man sein Leben zu führen gedenkt.
Der Erfüllung seiner Bedürfnisse kann der Mensch mit Hilfe personaler und nicht-personaler Mittel nahekommen. Zu dem einen rechnen wir all das, was er sich an geistigen und technischen Fähigkeiten erworben hat, und zu dem anderen die Dinge und Einrichtungen, die von außen her wirksam werden: Technik, Kultur, Medizin, soziale Sicherung, Rechtswesen, Politik, Religion u. a. ... Wenn all diese personalen und nicht-personalen Mittel in der richtigen Weise zum Tragen kommen, helfen sie zur Erfüllung der Bedürfnisse und balancieren das Lebensgefühl aus.
Ein Teil der Jugendlichen hat das Gefühl, daß ihnen zur Erfüllung ihrer ›Lebensthematik‹ die personalen und nicht-personalen Mit-

tel nicht in dem Maße zur Verfügung stehen, wie sie es brauchten. Hält dieser Zustand an, so verlieren sie allmählich das Interesse an sich selbst, ihrer Umwelt, ihrer Zukunft, oder sie wenden sich Rauschmitteln zu, bzw. neu-religiösen Gruppen.
In der Diskussion der Frage, warum sich junge Leute von den Jugendsekten angezogen fühlen, werden häufig die Begriffe Geborgenheit, Gemeinschaft, Sinnerfüllung, Zukunft, Wahrheit oder Engagement genannt, Dinge, die sie dort zu finden meinen. Wenn das stimmt, wäre zu fragen, ob diese Werte in unserer Gesellschaft, in der Schule, der Familie oder der Kirche für die betreffenden Jugendlichen nicht vorhanden sind. Nehmen wir zwei Beispiele heraus, die uns am nächsten liegen: ›Familie‹ und ›Kirche‹.

DIE FAMILIE

Hat die Familie versagt? Bietet sie keine Geborgenheit und Gelegenheit zur Kommunikation mehr?

Fast jeder glaubt, daß seine eigene Familie heil und intakt ist, wo man sich heimisch fühlt und auch miteinander reden kann. Aufs ganze gesehen ist das Zusammenleben der Generationen in der Familie heute aber problematischer geworden. Das liegt nicht zuletzt auch an der Hektik und schnellen Entwicklung, die unsere Zeit kennzeichnen. Früher setzte man den Zeitraum von 30 Jahren für eine Generation an, heute rechnen Soziologen und Anthropologen nur noch mit 10 Jahren. Früher wurde das Kind relativ schnell zum Erwachsenen, heute vergeht doch eine größere Zeitspanne zwischen der juristischen Volljährigkeit und dem wirklichen Erwachsenen-Sein.
Junge Leute sind mit 18 Jahren weitgehend handlungs- und geschäftsfähig; sie gehören im eigentlichen Sinne aber noch nicht der Welt der Erwachsenen an, mit Beruf, Lebenserfahrung, eigener Familie, eigener Wohnung, usw. ... Diese Übergangszeit bildet als Gelenkstück einen besonders schwierigen Abschnitt. Die

jungen Menschen lösen sich innerlich von zu Hause und den Eltern; sie schwimmen von einem Ufer los, haben das andere Ufer aber noch nicht erreicht. Sie suchen nach ihrer eigenen Identität, nach einem eigenen Standort. Wenn diese Identitätsfindung und Standortsuche gelingen soll, müssen die Jahre vorher den Grund dazu gelegt und die Richtung angedeutet haben.

Damit Jugendliche eine seelische Balance entwickeln können und stabil werden, benötigen sie in erster Linie wohl das Gefühl der Geborgenheit. Es muß einen Bereich geben, in den sie sich etwa aus den bei ihnen auftretenden Schwierigkeiten zurückziehen können. Wenn es in der Schule nicht klappt oder Streit mit dem Freund bzw. der Freundin gegeben hat; wenn Mißgeschicke sie bedrücken, bis hin zum möglichen Verkehrsdelikt oder Kaufhausdiebstahl. Die Familie muß in solchen Fällen Fluchtburg sein, ein Ort, an dem die Probleme erst einmal umsanktioniert, gesichtet und gefiltert werden.

Solche Geborgenheit und Behaustheit vermitteln am ehesten diejenigen Eltern, die nachahmenswerte Leitbilder und echte Autorität verkörpern, in ihrem eigenen Lebensvollzug stabil sind und in ihrem ehelichen Zusammenleben Geschlossenheit und Harmonie ausstrahlen.

Sichtbarer Ausdruck dieser häuslich-familiären Geborgenheit ist die Liebe der Eltern, zu der die Kommunikationsfähigkeit treten muß. Man wird sicher von den meisten Eltern annehmen dürfen, daß sie ihre Kinder lieben. Aber zur Liebe gehört nicht nur die alltägliche Sorge für Nahrung und Kleidung, Berufsausbildung und Schule, sondern auch das Hören auf unausgesprochene Fragen, das Spüren der nichtartikulierbaren Probleme.

»Wenn wir nur geahnt hätten, was unseren Sohn oder unsere Tochter bedrückt, hätten wir doch viel früher etwas unternommen«; so hört man es später von zahlreichen Eltern. Noch ein Stück weiter in dieser Richtung, und wir kommen zu den Familien, wo es nicht sehr viel Geborgenheit, Liebe und Kommunikation gibt. Jede Woche reißen Hunderte Jugendlicher von zu Hause aus, weil sie dort ständig Krach haben, weil die Eltern sie angeblich oder wirklich nicht verstehen oder einfach, weil sie den

häuslichen Alltag nicht mehr aushalten können. Familien aller Schichten sind betroffen, in zunehmendem Maße auch die gutbürgerlichen, wo nach außen hin alles in Ordnung scheint.
1975 wurden 22000 Jugendliche als vermißt gemeldet. In Berlin greift die Polizei pro Jahr 3000 junge Leute auf, in Hamburg etwa 2000 und in Müchen 1700. Jedes Jahr werden 30000 Kindesmißhandlungen bekannt; die Selbstmordrate der 10- bis 20jährigen lag 1976 bei 621 und 1977 bei 585 Fällen. Hier müßte eigentlich die Frage erörtert werden: Warum lassen Eltern ihre Unzufriedenheit und ihren Leidensdruck an den Kindern aus? Nicht immer endet es handgreiflich-brutal und mit Mord und Totschlag. Durch die ganz allmähliche gefühlsmäßige Verarmung, d. h. dadurch, daß die kühle, rational-technische Außenwelt immer mehr auch auf das Familienleben durchschlägt, entsteht vielfach ein Klima, dem man gerne entfliehen möchte.
Die Psychologin Christa Meves hat auf dem 85. Katholikentag in Freiburg ein Referat gehalten, das sie mit dem Bericht einer 20jährigen, die in ihre Praxis gekommen war, einleitete. Das Mädchen hatte gesagt:

»Ich lebe wie eine Fremde in unserer Familie, ich habe das Gefühl, daß keiner vom anderen auch nur die geringste Ahnung hat. Wir essen zusammen, wir waschen unsere Wäsche in der gleichen Waschmaschine. Wir schlafen unter einem Dach, aber wirklich miteinander leben – das tun wir überhaupt nicht. Vater ist den ganzen Tag fort, und wenn er am Wochenende da ist, schläft er, um sich zu erholen, oder er verschwindet in seinem Hobbyraum. Mutter hat tausend Dinge, die sie erledigen muß, sie läuft von morgens bis abends hektisch im Haus oder im Ort herum. Mit meiner Großmutter ist nichts Vernünftiges anzufangen, obgleich sie Zeit hat; sie meckert doch nur an allem herum, so daß man guckt, so schnell wie möglich von ihr wegzukommen. Ja, und die Geschwister? Da geht eben auch so jeder seine Wege; außer daß wir uns gegenseitig mal anmotzen, gibt's da eigentlich auch gar keinen Kontakt. Höchstens zum Fernsehen finden wir uns abends zusammen. Dabei würde ich im Grunde gern mal mit ihnen sprechen – über mich, aber auch über sie; manchmal gucke ich sie mir an, wie sie da alle in ihren Fernsehsesseln hocken und spüre nichts als große, große Fremdheit. Und auch in meinem Beruf geht es mir so: Ich habe im Grunde keinen echten Kontakt zu dem Menschen neben mir.«[1]

Junge Menschen, die wie dieses Mädchen denken und fühlen, werden nun in den Fußgängerzonen unserer Städte von ›Kindern Gottes‹ oder Vertretern der Mun-Sekte freundlich angesprochen und in die jeweiligen Ortsgruppen eingeladen. Dort können sie erst einmal frei und ausgiebig über ihre Probleme reden und fühlen sich in dieser Gemeinschaft Gleichaltriger wohl. Sie haben den Wunsch wiederzukommen und eines Tages wollen sie ganz in die neue »Familie« überwechseln. Bezeichnenderweise nennen sich die ›Kinder Gottes‹ jetzt offiziell »Familie der Liebe« und die ›Munies‹ bilden die »Vereinigte Familie«. Daß dieser Schein, eine neue und bessere Familie gefunden zu haben, trügt, merken die Jugendlichen zunächst nicht. Wenn sie es irgendwann spüren sollten, wird es für sie meist zu spät sein.
Den Führern und Funktionären der Jugendsekten kann erst in zweiter Linie etwas vorgeworfen werden. Sie tun zunächst nur das, was auch bei anderen zu beobachten ist, nämlich eine sich bietende günstige Gelegenheit zu nutzen. Wenn jemand in Urlaub fährt und seine Wohnungstür offen läßt, oder wenn in seinem Wagen auf der Straße über Nacht der Zündschlüssel stekken bleibt, dann wird die Versicherungsgesellschaft oder die Polizei zuerst ihm die Vorwürfe machen, ehe sie sich mit dem Einbrecher oder Autodieb befaßt.
Es kann nun nicht darum gehen, pauschal und undifferenziert das durchschnittliche Familienleben für das Anwachsen der Jugendsekten verantwortlich zu machen. Wenn jedoch junge Menschen ihren Sektenbeitritt ausdrücklich mit der mangelnden Liebe und Geborgenheit im elterlichen Haus begründen, dann müssen sich die betreffenden Familien allerdings den Vorwurf gefal-

1. Frankfurter Rundschau v. 28. Sept. 78.

len lassen, am Weggang ihrer Kinder mit schuldig geworden zu sein.

DIE KIRCHE

Hat die Kirche versagt? Bietet sie nicht mehr die Erfahrung von Sinn, Wahrheit und Spiritualität?

Stellen die Jugendsekten für die Gesellschaft im allgemeinen und für bestimmte Familien im besonderen eine soziologische Herausforderung dar, so gilt dies für die Kirche auf geistlich-theologischem Gebiet. Wenn die Gründer der neureligiösen Bewegungen nämlich behaupten, daß sie sehr exklusiv die Fragen nach der Wahrheit und dem Sinn des Lebens beantworten und spirituelle Erfahrungen vermitteln könnten, dann würde das doch bedeuten, daß sie damit den gleichen Anspruch der Kirche zurückweisen.
Wie wären diese drei Werte von kirchlicher Seite her zu verstehen? Es geht zunächst um die Frage der Wahrheit. Daß seit Jahrtausenden um die Antwort gerungen wird, was damit gemeint sei, macht deutlich, daß es weder im theologischen noch im weltanschaulichen oder im philosophischen Bereich eine objektive, sondern nur Wahrheiten geben kann, die sich im Zusammenspiel von Glauben und Handeln des jeweiligen Subjekts langfristiger als solche erweisen. Ein philosophisches Lehrsystem z. B. beruht auf der subjektiven Weltsicht und Weltdeutung sowie den subjektiven Erfahrungen des jeweiligen Philosophen. Ganz ähnlich verhält es sich mit dem christlichen Glauben. Christen haben zu ganz verschiedenen Zeiten, bis heute, ihre subjektiven und deshalb unverwechselbaren Erfahrungen mit dem gemacht, was für sie Wahrheit ist.
Zur Zeit des Neuen Testamentes drängte sich den Menschen die Gewißheit auf, daß sich Gott in einer geschichtlichen Person, in Jesus von Nazareth, letztgültig zu erkennen gab, nachdem er sich vorher schon dem Volke Israel durch das Gesetz offenbart

hatte. Davon legten sie Zeugnis ab und verkündigten diese Person sogar als die Wahrheit schlechthin. Alle nachfolgenden Generationen konnten diese Verkündigung annehmen oder ablehnen. Das Zeugnis selbst aber, in den Schriften des Neuen Testaments niedergelegt, blieb von solchen persönlichen Entscheidungen unberührt.
Weil Menschen vor fast 2000 Jahren das Handeln des Schöpfergottes an dieser Welt in Jesus Christus erkannten und ihr Leben danach neu ausrichteten, entstand zunächst Gemeinde, dann Mission und schließlich Kirche. Sie sah und sieht es als ihre Aufgabe an, Menschen der verschiedenen Zeitabschnitte und Kulturen mit dieser Wahrheit bekannt zu machen; weiterzugeben und immer neu zu verkündigen, was sie als Wahrheit bekennt.
Mit der allgemeinen Frage nach der Wahrheit ist die nach dem Sinn des Lebens und des Daseins verknüpft. Wenn man sich umsieht, hat man allerdings das Gefühl, daß Menschen auch ohne die Frage nach dem Sinn dessen, was sie sind und tun, ganz gut leben können: sie haben sich in eine Produktions- und Lebensgemeinschaft eingefügt, stellen Dinge her und verbrauchen sie, tun, was alle tun und übernehmen überlieferte Wertvorstellungen. Die große Menge macht sich keine weiteren Gedanken. Einige fragen jedoch irgendwann: Was soll das ganze eigentlich? Warum tue ich das? Wer bin ich denn überhaupt? Gibt es ein Ziel, das ich ansteuere, oder werde ich im Strom des Lebens und der Zeit einfach nur mitgeschwemmt? Was hat es mit dem Tod auf sich? Woher kommen Liebe und Schuld, Leid und Chaos?
Die Kirche versucht, diese Sinnfragen gemäß ihrem in der Bibel begründeten Wahrheitsverständnis zu beantworten. Danach ist alles, was diese Welt ausmacht und in ihr geschieht, eingewoben in den Heilsplan Gottes, der sich von der Schöpfung über das Geschehen in Jesus Christus bis ans Ende der Welt spannt und mit der Errichtung des Reiches Gottes abschließen wird.
Wenn jemand erkennt, was Gott mit ihm und dieser Welt vorhat, und wenn er daraus seine Bestimmung ableitet, als von Gott Angenommener auch andere Menschen anzunehmen und ihnen zu wahrem Mensch-Sein zu verhelfen, erhält alles, was er tut einen

Sinn. Die Kirche sieht ihre Aufgabe darin, die biblische Wahrheit und den davon abgeleiteten Sinn des Lebens verstehbar und geistlich erfahrbar zu machen: in der Predigt etwa, im Gebet und in der Gemeinschaft, die man in der Kirche finden kann.

Aus der Tatsache, daß von diesem Angebot bisweilen wenig Gebrauch gemacht wird, zu schließen, diese Entwicklung sei der Kirche und besonders den ortsgemeindlichen Aktivitäten anzulasten, ist unsachgemäß. Denn Perspektivenlosigkeit und Gleichgültigkeit, die Schwierigkeit, eine tragfähige Motivation für das eigene Handeln zu entdecken, haben gesamtgesellschaftliche Ursachen. Und im Zusammenhang der Angebote in unserer Gesellschaft ist die Kirche nur ein Faktor unter anderen.

Wenn also junge Menschen dennoch außerhalb der Ortsgemeinden etwas suchen, was sie dort nicht zu finden meinen, so ist das an sich noch nichts Beunruhigendes; es gab und gibt ja eine ganze Reihe von gelungenen Experimenten und anzuerkennenden Versuchen, die erst mit Verzögerung in den traditionell-kirchlichen Gemeindestrukturen Eingang finden: die Charismatische Bewegung, die echten Jesus-People oder die verschiedenen Kommunitäten junger Christen.

Sehr bedenklich wird es jedoch, und damit zur Herausforderung an die Kirche, wenn sich Vertreter von Jugendsekten an junge Leute heranmachen, sie zum Beitritt ihrer Gemeinschaften veranlassen und ihnen dort pervertiertes und verzerrtes christliches Gedankengut als die neue, eigentlich christliche Wahrheit indoktrinieren. Hier sind besonders die Mun-Sekte und die Kinder Gottes gemeint. Andere Gruppen, wie Hare Krishna, Mission des göttlichen Lichts oder Ananda Marga zielen mehr auf allgemeine spirituell-religiöse Erfahrungen, während es bei Bhagwan Shree Rajaneesh, Scientology oder Transzendentaler Meditation eher um ›Selbstverwirklichung‹ geht.

Bei diesen Angeboten von ›Wahrheit‹ verbunden mit einem ›Lebenssinn‹, der sich häufig nur im Abbrechen sozialer Bezüge und in ›Entpersonifizierung‹ realisiert, muß sich die Kirche natürlich herausgefordert fühlen und kritisch reagieren, wozu jedoch eine gehörige Portion Selbstkritik gehört.

Die Frage, warum junge Menschen von zu Hause weggehen und sich Jugendsekten anschließen, kann nur teilweise mit dem Hinweis auf famiiiäre und gesellschaftliche Defizite und angeblich fehlende Angebote der Kirche beantwortet werden. Es gibt daneben noch eine Reihe von trans-rationalen Motiven, die bisher weder von ›Fachleuten‹ noch von den Jugendlichen selbst eindeutig definiert werden konnten. Es ist zu vermuten, daß sie zu einem Teil mit der Mentalität und Persönlichkeitsstruktur der betreffenden Jugendlichen zusammenhängen.

Die Verführten, von denen hier die Rede ist, sind nur die Spitze eines Eisbergs einer verführbaren Generation, die sich in die bisherigen Wertsysteme von Schule und Gesellschaft, Familie und Kirche nur noch schwerlich integrieren lassen.
Ob resignatives Discofieber oder apathische Leistungsverweigerung, Drogenkonsum, Alkoholismus oder bedingungsloser Ausbruch in Jugendsekten – das Phänomen des Eskapismus in unserer Gesellschaft hat viele Formen.

2. Was macht Jugendsekten so anziehend?

Die Jugendsekten bieten eine sehr enge Gemeinschaft, die ihre Mitglieder im Gegensatz zu kirchlichen oder politischen Jugendgruppen Tag und Nacht zusammenhält. Hier wird Gruppenbildung zu einem neuen Lebensprinzip, das über die Unverbindlichkeit vorübergehender Zusammenschlüsse, wie in der »Clique« oder auch in der offenen Jugendarbeit hinausführt.
Für junge Menschen mit kirchlichem Hintergrund scheinen auch die »urchristlichen« Elemente am Lebensstil der Kommunen attraktiv zu sein. Bis auf Kleinigkeiten gibt es kein persönliches Eigentum und man bleibt beieinander ›im Singen, Beten und Brot brechen‹. Alle Dinge werden miteinander geteilt: vom Hausputz, über die Sorgen und Nöte einzelner Bewohner bis zur gemeinsa-

Angebot: Meditation und Gemeinschaft in der Ev. Thomaskirche, Düsseldorf

men Aufgabe, die Lehre des Sektengründers zu verbreiten und neue Mitglieder zu werben.

In der missionarischen Aktion stellen sich dann die für die jungen Leute so wichtigen Erfolgserlebnisse ein. Sie haben auf der Straße fremde Menschen angesprochen, die auch zuhörten. Sie haben Gleichaltrige eingeladen, die auch in die jeweilige Ortsgruppe gekommen sind.

»Endlich kann ich etwas für andere Menschen tun«, sagte ein Mun-Anhänger. »Ich kann mithelfen, diese Welt zu verändern und eine neue zu schaffen. Was trage ich zur Verbesserung der Welt bei, wenn ich dreißig Jahre als Buchhalter oder Techniker arbeite? Es wird doch nur darum gehen: wie ich einen besseren Job kriege, mehr Geld und mehr Ansehen. Jetzt aber habe ich die ganze Welt im Auge, ein großes Ziel, eine große Aufgabe.«
Man fühlt sich als Hauptperson, die das Geschehen selbst bestimmen kann und nicht als bloßer Mitläufer.
Um ihr eigenes Weltbild zu formen, suchen engagierte junge Menschen nach Persönlichkeiten, an deren Ideen sie sich orientieren können.
Auf diese Weise wurden Männer wie Albert Schweitzer, Ernesto ›Ché‹ Guevara, Martin Luther King, oder Mao Tse-tung zu Leitbildern, die Generationen auf der ganzen Welt beeinflußten.
Wer sich mit den Lehren eines überragenden Menschen identifiziert und sich dadurch von der grauen, uninteressierten Masse absetzen kann, genießt daneben noch das Gefühl einer gewissen Exklusivität.
Auf der gleichen Ebene, aber mit religiöser Ausrichtung, versuchen nun die Jugendsekten den Wünschen junger Leute entgegenzukommen. Sie haben nicht nur »große«, sondern auch »göttlich legitimierte« Führergestalten anzubieten, die in direkter Verbindung zu Gott stehen und dessen Willen für die heutige Zeit unmißverständlich deuten können.
Jugendsekten vermitteln ihren Anhängern das Bewußtsein, zu einer Elitetruppe zu gehören: Sie sind anderen weit voraus, durch die neuen Erkenntnisse und Offenbarungen ihrer Führer. Zum anderen wird die Sehnsucht nach verbindlichen Glaubensinhalten gestillt. Oft hatten sie in kirchlichen Jugendgruppen oder im Religionsunterricht erlebt, wie ihre eigenen Standpunkte und Überzeugungen in Diskussionen in Frage gestellt wurden. Von diesem Druck ständiger Kritik und Auseinandersetzung sind sie in den Jugendsekten befreit.

IV. KRITIK AN DEN KRITIKERN

Zum gesamten Problem-Umfeld ›Kirche/Jugendsekten‹ wird inzwischen auf verschiedene Art Stellung genommen. Einige glauben, die Kirche reagiere überhaupt nicht, andere halten die Reaktionen der Kirche für nicht angemessen, wieder andere sprechen ihr die moralische Berechtigung ganz ab, kritisch auf die Jugendsekten zu reagieren.

1. »Die Kirche tut nichts«

Diese Meinung wird oft in Leserbriefen und im Anschluß an Vorträge geäußert: »Was unternehmen *die* Kirchen, damit *die* Jugend ihnen nicht davonläuft?« – »*Die* Kirchen haben versagt, sie haben jungen Leuten nichts anzubieten.«
Nun muß gewiß darüber diskutiert werden, ob sich die Verantwortlichen der Kirche bei der Erfüllung ihrer Aufgabe wirklich Mühe gegeben haben oder nicht, ob sie alle Möglichkeiten ausgeschöpft haben; was geändert und verbessert werden müßte u. a. Zwei Gesichtspunkte sollten aber auch beachtet werden: a) Es gibt Bereiche, wo Menschen zu etwas gezwungen werden können und solche, wo das nicht geht. Menschen können bei uns z. B. gezwungen werden, auf den Straßen rechts zu fahren; sie können jedoch nicht gezwungen werden, an Jesus Christus zu glauben. Und b) Bei aller Problematik des Gesamt-Phänomens und der Tragik der Einzelfälle sollte man ein wenig auch die Zahlenrelation im Auge behalten.

Etwa 500 junge Leute gehören bei uns zu den ›Kindern Gottes‹, knapp 1000 zur Mun-Sekte, gut 100 zu Hare Krishna, vielleicht 700 zur ›Mission des göttlichen Lichts‹ und ein paar tausend Jugendliche insgesamt zu Ananda Marga, Bhagwan Shree Rajneesh und Scientology. Daraus nun zu folgern, die Kirchen täten nichts, um Jugendliche zu erreichen, würde den Tatsachen nicht gerecht. In der ›Arbeitsgemeinschaft der Ev. Jugend in Deutschland‹ sind 950000 junge Menschen zusammengeschlossen und zum ›Bund der Deutschen Kath. Jugend‹ gehören insgesamt 563000 Jugendliche. Der Hinweis auf diese Zahlen soll keine Entschuldigung für etwaige Versäumnisse sein; sie können aber den Blick auf das übergeordnete Phänomen des Eskapismus lenken.

2. »Die Kirche reagiert aus Angst«

Andere Kritiker werfen den Kirchen vor, sie stünden in einem »konfessorischen Abwehrkampf«, sie würden in »Angst« verharren, weil sie sich bedroht fühlten, und die Erkenntnis, daß die Lehren der Jugendsekten mit echtem christlichen Glauben nicht viel zu tun haben, wird als »Verdammungsurteil« bezeichnet. Zu solchen Ergebnissen muß kommen, wer auch sonst in der Analyse reichlich dick aufträgt, etwa: »Theologen und Kirchenmänner haben es in der Konfrontation mit der Jugend selten besonders leicht. Und dies begreiflicherweise gar nicht, wenn ihnen eine Jugendgeneration praktisch und faktisch das Monopol in Sachen ›Religion‹ streitig macht.«[1]

1. H. G. Heimbrock: Zur Soziologie und Theologie zeitgenössischer Jugendreligiosität. In: eji-Studientext Nr. 16 »Die neue Religiosität«, S. 39.

3. »Die Kirche hat kein Recht zu reagieren«

Das behauptet z. B. Reimar Lenz, ein Schriftsteller der religiösen Subkultur. Er sieht in der Reaktion der Kirchen gegenüber den Jugendsekten eine »alarmierende Kampagne gegen religiöse Minderheiten« und ist sich noch nicht ganz schlüssig, ob das »Notwehr oder Hexenjagd« sei. In seiner Abhandlung liest man folgende Sätze: »Kirchen, die in gewisser Weise nichts anderes darstellen als mächtig, ja übermächtig gewordene Sekten, sind zur Sektenkritik nicht berufen.« Oder: »Kirchen sind altgewordene Jugendreligionen, die vergessen, sich selbst im Spiegel zu betrachten.« Oder: »Nun haben wir wieder eine Minderheit in Deutschland, eine zusammengewürfelte, auf die alle gemeinsam losgehen können. Statt daß Kirche, Staat, Presse und Elternschaft sich selber zum Problem machen (bei 800 Kinderselbstmorden im Jahr), haben sie nun ein Problem, außerhalb ihrer selbst liegendes: Die bunte, selbstverfaßte Liste der ›Jugendreligionen‹.«[2]

In die gleiche Richtung zielt ein Leserbrief des ehemaligen katholischen Theologieprofessors Hubertus Mynarek an die Frankfurter Rundschau:

»Es erscheint mir nicht ganz gerecht, daß sich die FR in ihren Berichten über die Jugendreligion auf das von ev. und kath. Informationsstellen gelieferte Material stützt. Sie erweckt so den Eindruck, als ob diese Stellen als Repräsentanten der ›einzig wahren und echten‹ Religion ein objektiver Maßstab für die gerechte Beurteilung der ›sektiererischen Gruppen‹ sein könnten. Sie übersieht, daß die beiden großen Konfessionen das elementarste Interesse daran haben, alle Negativseiten der Jugendreligionen, die zweifellos vorhanden sind, besonders kraß herauszustellen, weil die Jugend von den organisatorisch verkrusteten, etablierten Altkirchen abwandert und in die neuen Religionen einströmt.

2. esotera 12/78, S. 1123 und 1127.

Alle Mißbräuche, die bei den Jugendreligionen kritisiert werden, sind ebenso, und zwar regelmäßig, in der Geschichte der Großkirchen festzustellen. Wenn die verordneten Bettelaktionen kritisiert werden – es gab und gibt große Bettelorden (Dominikaner, Franziskaner etc.) ... Wenn man den völligen Verzicht auf Eigentum anprangert – jede Nonne beispielsweise mußte bei ihrem Eintritt ins Kloster ihrem Bräutigam Jesus, in Wirklichkeit aber der Kirche, eine ansehnliche Mitgift mitbringen, deren Aufbringung nicht selten die ganze Familie finanziell runierte ... Wenn man die völlige Trennung von den Eltern anprangert, so sei auf die endlose Zahl von Familientragödien hingewiesen, die durch den Eintritt des Sohnes oder der Tochter in einen Orden mit strenger Klausur entstanden sind ...»[3]

Wenn an den genannten Gemeinschaften scharfe Kritik geübt wird, so geschieht das *nicht* deshalb, um religiöse Minderheiten zu diskriminieren, die Werbung anschaulicher Gruppen zu kriminalisieren oder um brüchig gewordene Positionen der großen Kirchen unkritisch zu verteidigen.

Der Verweis darauf, daß viele Erscheinungen der Jugendsekten-Szene auch in der Kirchengeschichte anzutreffen waren, sollte nun nicht dazu führen, in einem wert- und orientierungslosen Meinungspluralismus plötzlich mit allem zu sympathisieren, was außerhalb der Kirche in Form von Meditation oder Frömmigkeit einhergeht.

Wir müssen uns zu den schuldhaften Verfehlungen unserer Kirchengeschichte bekennen. Dieses Schuldbekenntnis gibt uns aber die Freiheit und Sensibilität, auf verhängisvolle religiöse Praktiken hinzuweisen, mit denen die Grundbedürfnisse eines jeden Menschen nach Wahrheit, Geborgenheit und Vertrauen erneut manipuliert und ausgebeutet werden.

3. Frankfurter Rundschau v. 28. Sept. 78.

Kritik wird geübt, weil mit der lebensoffenen, suchenden Fragehaltung junger Menschen ein kommerzielles Geschäft gemacht wird, wobei die Jugendlichen selbst – obwohl sie nach neuer Identität und Freiheit suchen – zu Marionetten an den Fäden der einzelnen Sektenführer degradiert werden.

V. WAS TUN?

1. Die Bedeutung der Aufklärung über Jugendsekten und Psycho-Gruppen

In ihrer Verzweiflung fragen viele Eltern, die Kinder an Jugendsekten und Psycho-Gruppen verloren haben, ob der Staat die oft undurchsichtigen Aktivitäten dieser Gemeinschaften nicht einschränken könne.
Die Antwort ist einfach, wenn auch für die betroffenen Eltern enttäuschend: Der Staat hat keine oder doch nur begrenzte Möglichkeiten, hier einzugreifen. Er ist als übergeordnete, weltanschaulich und religiös neutrale Institution an den Artikel 4 des Grundgesetzes gebunden, in dem festgelegt ist:

»Die Freiheit des Glaubens, des Gewissens und die Freiheit des religiösen und weltanschaulichen Bekenntnisses sind unverletzlich.«

Und in Artikel 5 heißt es:

»Jeder hat das Recht, seine Meinung in Wort, Schrift und Bild frei zu äußern und zu verbreiten und sich aus den allgemein zugänglichen Quellen ungehindert zu unterrichten.«

Damit ist die Verbreitung der Sekten-Ideologien in der Öffentlichkeit geschützt und auch die Freiheit junger Leute, sich darüber informieren zu lassen.

Das Bundesverfassungsgericht hat in seiner Entscheidung vom 18. November 1960 den Rahmen abgesteckt:

»Nach dem Grundgesetz gewährleistet die Glaubensfreiheit dem einzelnen einen Rechtsraum, in dem er sich die Lebensform zu geben vermag, die seiner Überzeugung entspricht, mag es sich dabei um ein religiöses Bekenntnis oder eine irreligiöse – religionsfeindliche oder religionsfreie – Weltanschauung handeln. Insofern ist die Glaubensfreiheit mehr als religiöse Toleranz, d. h. bloße Duldung religiöser Bekenntnisse oder irreligiöser Überzeugungen. Denn sie erlaubt nicht nur auszusprechen und auch zu verschweigen, daß und was man glaubt oder nicht glaubt. Dem Sinn dieser im Grundgesetz getroffenen politischen Entscheidung entspricht es vielmehr, die Glaubensfreiheit auch auf die Werbung für den eigenen Glauben wie für die Abwerbung von einem fremden Glauben zu erstrecken. Das muß auch das Recht einschließen, die Glaubensabwerbung unabhängig von einer Glaubenswerbung zu schützen …

… Die an sich erlaubte Glaubenswerbung und Glaubensabwerbung wird dann Mißbrauch des Grundrechts, wenn jemand unmittelbar oder mittelbar den Versuch macht, mit Hilfe unlauterer Methoden oder sittlich verwerflicher Mittel, andere ihrem Glauben abspenstig zu machen oder zum Austritt aus der Kirche zu bewegen. Wer denjenigen, der sich von seinem Glauben lösen soll, unter Ausnutzung besonderer Verhältnisse abwirbt, genießt nicht den Schutz des Art. 4 GG. Es handelt sich dann um keine inhaltliche Werbung mehr, sondern um eine Werbung bei Gelegenheit, will heißen: eine Werbung durch Ausnutzen von Notsituationen des Umworbenen … «

In diesem Urteil wird allerdings auch gesagt, daß es im Einzelfall sehr schwierig sei, diese ›Notsituation‹ (die unter anderem eine psychische sein kann) zu bestimmen.

Die persönlichen, schulischen oder beruflichen Probleme junger Leute sowie ihre generellen Schwierigkeiten, sich in der Gesellschaft zurechtzufinden, können natürlich als solche ›Notsituatio-

nen« bezeichnet werden; und das um so eher, wenn sich ursächliche Zusammenhänge zwischen ihnen und einem Sektenanschluß nachweisen lassen. Dennoch wird es im Einzelfall kaum möglich sein, sogenannte ›gerichtsverwertbare‹ Unterlagen vorzulegen, die zu einem Eingreifen des Staatsanwalts führen müßten. Außerdem finden sich immer wieder Rechtsanwälte, die den Jugendsekten und Psycho-Gruppen bei ihren Aktionen juristischen Beistand leisten.
Es bleibt im Augenblick also nur die Forderung, noch intensiver als bisher über die wahren Hintergründe der betreffenden Gemeinschaften Bescheid zu wissen und aufzuklären. Sicher kann Aufklärung keine vollständige Prophylaxe bieten, ebenso wie Informationen über Rauschgift nicht den Drogenkonsum schlagartig beenden; trotzdem muß an dieser Stelle weitergearbeitet werden. Einer Untersuchung des rheinland-pfälzischen Sozialministeriums vom Dezember 78 zufolge, in der Jugendliche nach ihren Kenntnissen über »destruktive Kulte« gefragt wurden, hatten die meisten wohl davon gehört, konnten aber keine Namen von Gruppen nennen und deren Programme beschreiben. Ebenso notwendig ist es jedoch, daß man sich in Staat, Gesellschaft und Kirche, parallel zur Informationsarbeit, Gedanken darüber macht, wie den jungen Menschen endlich mehr Hilfe zur sinnvollen Lebensgestaltung und befriedigenden Lebensbewältigung gegeben werden kann.

2. Möglichkeiten eines Gesprächs mit Sektenanhängern

Eltern, Geschwister, Freunde, Lehrer oder Pfarrer können vor der Aufgabe stehen, mit jungen Menschen sprechen zu müssen, die sich einer Jugendsekte angeschlossen haben.
Solche Gespräche sind nicht einfach, da es auf beiden Seiten ›Barrieren‹ gibt. Die jungen Sektenmitglieder sind, besonders

nach längerer Mitgliedschaft in ihrer Gemeinschaft, programmiert: was sie über ihren Glauben aussagen, ist nicht gereift, sondern indoktriniert und oft buchstäblich angelernt. Sie sind nicht frei, sie selbst zu sein und in persönlicher Verantwortung vor Gott zu prüfen und zu glauben – und mit Andersdenkenden zu reden. Außerdem scheinen die ›Wahrheiten‹ der Sekten nicht für kontroverse Gespräche geeignet zu sein: man kann sie ablehnen (zur eigenen Verdammnis) oder annehmen (zum ewigen Heil). Darüber zu diskutieren ist fast unmöglich, denn das hieße, sie in Frage zu stellen, was mit dem Anspruch einer exklusiven ›Wahrheit‹ unvereinbar ist. So ist der Sektenanhänger auf missionierenden Monolog angelegt und zum echten Dialog meist nicht bereit. Vielfach wird in den Sekten auch vor kritischen Gesprächspartnern als »Werkzeugen des Teufels« gewarnt.
Auf der eigenen Seite steht als Barriere oft das Unverständnis darüber, daß sich der betreffende junge Mensch einem solchen ›Kult‹ anschließen konnte. Daraus ergibt sich die Ungeduld, mit der man gleich Vorwürfe erhebt und ›angreift‹, statt zunächst zuzuhören. Dieses Zuhören muß gelernt werden, auch wenn man die Ausführungen des anderen für »Quatsch« halten sollte

● Es wird also zunächst darauf ankommen, den anderen ›abzuholen‹. *Wir müssen versuchen, uns in seine Gedanken- und Problemwelt hineinzuversetzen und in seinem ›Horizont‹ zu denken.* Auf keinen Fall darf das Gespräch den Eindruck eines Verhörs erwecken. Wir sollten vermeiden, daß unsere Äußerungen vom Sektenmitglied als Abwertung seiner eigenen Entscheidung, einer Sekte beigetreten zu sein, oder als lieblose Kritik an seinem jetzigen Verhalten verstanden werden. Wichtig für den Einstieg ist es, Anteilnahme an den Fragen und Problemen des jungen Menschen zum Ausdruck zu bringen, aber auch die Sorgen auszusprechen, die zu diesem Gespräch führten.

● *Wir müssen erkennen lassen, daß wir uns mit der jeweiligen Gemeinschaft beschäftigt haben, Lehre und Gebräuche kennen.* Für den Einstieg eignen sich deshalb einige Sachfragen.

Vor einem solchen Gespräch muß also die gründliche Information über die Sekte stattgefunden haben, über ihre Geschichte, Lehre, Organisation, aber auch über das Alltagsleben und den dort herrschenden Geist, d. h. über den ›inneren Entwurf‹ der Gemeinschaft.
Im Gespräch selbst kann es nicht um pauschale Verdammungsurteile gehen, die bei den jungen Leuten doch nur auf taube Ohren stoßen würden. Ein nüchternes Unterscheiden und Differenzieren ist nötig: was haben die einzelnen Gemeinschaften zu bieten und wo gefährden sie den Menschen, indem sie ihn fanatisieren, ihm Utopien vorgaukeln, ihn in ein Zwangssystem eingliedern und lebensuntüchtig machen. Wer einen anderen Menschen vor einem bestimmten Weg warnen will, muß sich selbst Rechenschaft darüber ablegen, in welchem Auftrag oder mit welchem Recht er das tut. Christen können sagen, daß ihnen Jesus Christus und das Zeugnis des Neuen Testamentes das Recht geben, Menschen vor »Abwegen« zu warnen. Dieser theologische Ansatz muß jedoch von der Praxis des eigenen Lebensvollzuges her glaubwürdig abgedeckt sein.

● *Da es im wesentlichen um eine christlich-theologische Auseinandersetzung geht, sollten wir auch von hier aus argumentieren können.* Einerseits müssen die Grundfragen ehrlich geklärt werden: wo haben wir dich enttäuscht? Was hätten wir besser machen können? Was hätten wir unterlassen sollen? Andererseits sollten wir doch in dem Bewußtsein auf das Sektenmitglied zugehen, ein besseres Angebot zu haben. Hier sollten auch Hinweise auf alternative Möglichkeiten im kirchlichen Bereich folgen: Intensivgruppen, Glaubenszentren, christliche Kommunitäten und Erfahrungsgruppen.

3. Wo gibt es Beratung?

Die Beauftragten für Sekten- und Weltanschauungsfragen der Kirchen sowie einige kirchliche Dienststellen können oft mit Informationen und als Berater helfen.

● *Landeskirchliche Beauftragte für Sekten- und Weltanschauungsfragen:*

Bayern	– Pfarrer Friedrich-W. Haack, Postfach 500305 8000 München 50
Hannover	– Pastor Jochen Biallas Archivstr. 3, 3000 Hannover 1
Hessen und Nassau	– Konfessionskundliches Institut, Pfarrer D. Joachim Lell, Eifelstr. 35, 6140 Bensheim
Oldenburg	– Pastor Eberhard Strecker Kirchweg 1, 2895 Tossens
Pfalz	– Pfarrer Alfred Kuby Gr. Himmelsgasse 6, 6720 Speyer
Rheinland	– Volksmissionarisches Amt Rochusstr. 44, 4000 Düsseldorf 30
Nordelbische Kirche	– Pastor Detlef Bendrath Brahmsstr. 20f, 2400 Lübeck
Westfalen	– Pfarrer Rüdiger Hauth Röhrchenstr. 10, 5810 Witten
Württemberg	– Pfarrer Walter Schmidt Postfach 92, 7000 Stuttgart 1

- *Der Beauftragte für Sekten- und Weltanschauungsfragen der Erzdiözese München-Freising:*

Dipl.-Theol. Hans Löffelmann
Maxburgstr. 5, 8000 München 2

- *Kirchliche Dienststellen:*

›Arbeitskreis Religiöse Gemeinschaften‹ der VELKD,
c/o Lutherisches Kirchenamt, OKR Dr. Horst Reller,
Postfach 510409, 3000 Hannover 51

Kath. Sozialethische Arbeitsstelle (Abt. Jugendschutz)
Jägerallee 25, 4700 Hamm 1

Ev. Stadtjugendpfarramt Frankfurt
Stalburgstr. 38, 6000 Frankfurt 1

FOTO-NACHWEIS

Pressefoto Hans Lachmann, Düsseldorf, Seite 9, 23, 36, 57, 81, 93, 105
Marga Kingler-Busshoff, Essen, Seite 67, 87